TURGENEV

A MONTH IN THE COUNTRY

INTRODUCTION

I

Ivan Sergeyevich Turgenev is unsurpassed in Russian literature for his sensitive and lyrical use of prose and for his subtle portrayal of the human character and heart. He was also the most truly international figure Russian literature has ever had. In his lifetime he achieved fame as a great writer both in Russia and abroad. Much of his life was spent in France and Germany, but his roots remained in Russian soil. The universal themes of his works are developed against a specifically Russian background that gives them great historical relevance. But unlike some of his Russian contemporaries, Turgenev had no axe to grind. A member of the gentry, and above all an artist, he combined an unswerving social conscience and sense of justice with a capacity for objective unimpassioned judgment.

Turgenev was born on 28th October (9th November, new style), 1818, the second of three sons. His parents were an ill-assorted couple. His mother, Varvara Petrovna, was a strong-willed, despotic woman, wantonly cruel to serfs, servants and children, while his father, Sergey Nikolaevich, took little interest in family life. Turgenev spent most of his childhood on his mother's estate at Spasskoye (in the Oryol province), and saw for himself the miserable life of the peasantry. He came to realize too the shortcomings of his own class, the gentry (дворянство). But during the early years at Spasskoye too he

1

acquired that feeling for the countryside which permeates all his writings.

In 1833 Turgenev attended courses at the University of Moscow, and from 1834 to 1837 at St. Petersburg. In 1838 at the age of 19 he left Russia to continue his studies in Berlin. He already showed enthusiasm for western European civilization, and from this time on was very much a западник or westernizer, seeing the salvation of Russia in the adoption of the more liberal ideas of western Europe. He left Berlin in 1841 and went to live in St. Petersburg, where he took his M. A. degree.

Turgenev began writing as a poet, with his long poem, *Параша* (1843), a work very much in the spirit of Pushkin's novel in verse, *Евгений Онегин*. Parasha herself is the first of the innocent but passionate Turgenev heroines, not unlike Vera in *Месяц в деревне*.

In the same year Turgenev met and fell in love with the singer, Pauline Viardot, then appearing in St. Petersburg. A great artist and a married woman, with a striking personality and a fine taste in literature, she exercised a fascination for Turgenev from which he was never free for the rest of his life. Although he fell in love with other women and knew that she did not return his love, he was never able to remain away from her for long, and lived in rooms in the Viardots' house in and near Paris. They were estranged from time to time, but each time Turgenev came back.

At this period Turgenev was writing in a variety of genres, poetry, poetical dramas, and in 1844 his first story in prose was published, *Андрей Колосов*, treating the theme of unrequited love characteristic of him. Between 1847 and 1851, in the journal *Современник* appeared the tableaux of rural life implicitly critical of serfdom and of the landed gentry, later to be known as *Записки охотника*. Turgenev was never to return to the subject of the peasants, even after 1861, when serfdom was abolished.

The year 1848 found Turgenev in Paris at the time of the revolution. He was a liberal, not a revolutionary, and took no part in the uprising, unlike the hero of his first novel, *Рудин* (1856), who, confronted with the same situation, fights for the revolutionaries and is killed on the barricades.

His mother's health was deteriorating, and in 1850 Turgenev returned to Russia. Their relations had been cool for some time, and Varvara Petrovna had ill-treated his daughter Pelageya (born in 1842 of a peasant-woman). Turgenev sent Pelageya to France to be brought up with Pauline Viardot's children. On his mother's death, in 1850, he inherited large estates, including Spasskoye. He had never suffered from poverty, although his mother was miserly, but now he was very rich indeed, and could dedicate himself to writing, without thought of money.

In 1852 Gogol died. Turgenev, while profoundly disagreeing with many of Gogol's unprogressive ideas, had greatly admired and even revered him for his literary genius and above all for the service he had rendered Russian literature. On 13th March Turgenev published an obituary in *Московские ведомости* giving expression to the grief felt by so many. A great deal of controversy and severe criticism of social conditions in Russia had been provoked by Gogol's publication of *Переписка с друзьями*, and the government preferred to suppress public opinion on the subject. So Turgenev's praise of Gogol led to his being detained for a month and then confined to his estate. Not naturally rash enough to become a martyr, the moderate liberal Turgenev was by chance stamped as a progressive writer and leaped into favour with the younger generation.

In 1856 Turgenev went again to France, ostensibly to visit his daughter, but really drawn there by Pauline Viardot. He travelled widely in the next few years (the years of his greatest novels), and visited a German spa to take the waters. Already at the age of forty he was beginning to complain of illness and the onset of old age.

In his second novel, *Дворянское гнездо* (1859), the hero, Lavretsky, faces up to the problem of the landed gentry by returning to the country to administer his estates instead of merely living on income derived from them. Turgenev himself ceded half his land to his peasants as leaseholders. The rest was cultivated by hired labour.

The publication of his next two novels opened wide a gulf between Turgenev and the radicals of the younger generation. *Накануне* (1860) (On the eve), portrayed a Bulgarian, Insarov, a strong man fighting for the freedom of his country. It was challenged in an article by Dobrolyubov, *Когда же придёт настоящий день?* In *Отцы и дети* (1862) the hero, a "new man", that is, a revolutionary or "nihilist" as Bazarov is called in the novel, was wildly misunderstood and bitterly attacked by many. In fact Turgenev's intention had been to show sympathy with the younger generation of *разночинцы* (educated men risen from various social strata).

In 1862 Turgenev had a house built for himself at Baden-Baden, where the Viardots had gone to live. These were, in a way, idyllic years, spent near the woman he had for so long worshipped. Baden-Baden provides the setting for his next novel, *Дым* (1867), in which his moderate liberal views are opposed to the

4

views of the extremes, whether Slavophiles and Westernizers, or revolutionaries and reactionaries.

Now he was growing increasingly subject to depression and preoccupied with death. Many of his friends died. His daughter's marriage proved a failure. In 1871 he sold his house in Baden-Baden because of the Franco-Prussian war and moved into two rooms at the top of the Viardots' house in France.

In 1877 his last novel, *Новь*, appeared. His long absence from Russia had not prevented him from recognizing the development of political movements, but those taking part in them accused Turgenev of having lost touch with reality. But while some critics were severe towards Turgenev's last novels, no criticism could shake his renown with the reading public.

Abroad Turgenev's fame continued to increase, and he received academic honours in France and England, including an honorary doctorate at Oxford University. He became the friend of Flaubert, and was tremendously admired by the French authors of his day, who through him, came to appreciate other Russian writers too.

In 1880 he went to Russia for the ceremonial unveiling of the Pushkin memorial in Moscow, and was acclaimed everywhere with a warmth and enthusiasm that bore witness to the admiration and affection of his fellow-countrymen.

His last years, before the onset of his final illness, had a mellow quality. He went to stay with Tolstoy at Yasnaya Polyana. He had always valued Tolstoy's work, but the two men had never been able to get on together, for a variety of philosophical, artistic and personal reasons, and nearly fought a duel in 1861. In his later years Tolstoy rejected art and literature and concentrated on didactic and religious writing, so alien to Turgenev's mind. It is a measure of his fairmindedness that he

5

always maintained his admiration for Tolstoy's literary work, and on his deathbed he wrote to Tolstoy begging him to return to literature.

In 1882 Turgenev, living in France, began to suffer from a pain in his collar-bone. It was cancer of the spinal cord, and on 22nd August (3rd September) 1883 he died. His body was taken back to Russia for burial.

Turgenev had given to Russian and world literature some of its most beautiful works. One of the greatest Russian prose stylists, his novels and stories abound in lyrical descriptions of the Russian countryside, as, for example, in *Записки охотника*. His characters, drawn with subtle psychological perception, include some of the most famous creations in Russian literature, like Liza in *Дворянское гнездо* and Bazarov in *Отцы и дети*. Always a sensitive and accomplished artist, he understood and conveyed much of the essential spirit of Russia. At the same time, his works have a universal application and appeal that have made him one of the most popular writers abroad as well as in Russia.

II

The period of Turgenev's interest in serious dramatic composition, 1843—52, was fruitful both for his development as a writer and for his contribution to the art of the theatre. During these years he wrote ten plays, seven of them one-act: *Неосторожность* (1843), *Безденежье* (1845), *Где тонко, там и рвётся* (1847), *Нахлебник* (1848), *Холостяк* (1849), *Завтрак у предводителя* (1849), *Месяц в деревне* (1850), *Провинциалка* (1850), *Разговор на большой дороге* (1850), *Вечер в Сорренте* (1852). In *Месяц в деревне*, his only mature full-length play, Turgenev had scope for a fuller and more profound psycholog-

6

ical development than in his shorter plays, and for the evocation of mood and atmosphere.

The first version of *Месяц в деревне*, under the title *Студент*, was written in Paris between 1848 and 1850. It was originally prepared for publication in the issue of *Современник* for May 1850, but this version was banned by the censor. In *Студент* Belyaev occupies a much more central position in the action, revealing clearly his radical political views in dialogue which Turgenev was obliged to suppress. In order that the work might be published Islayev had to be removed and Natalya Petrovna presented as a widow. The part of Shpigelsky was also cut. In this amended form, and under the title *Месяц в деревне*, the play was published in *Современник*, January 1855. It was not until 1869 in the collected works that the part of Islayev was restored and the play presented in something approaching its original form. In 1880, Turgenev published his last authorised edition, which is the version used in this volume.

The plot, as a Soviet scholar, L. Grossman, has established, has a striking similarity to Balzac's play, *La marâtre*, given for the first time at the Théâtre Historique on 25 May 1848, when Turgenev was in Paris. Most of the characters in the two plays correspond. In *La marâtre*, a young married woman, Gertrude (Turgenev's Natalya Petrovna), is the rival of a girl, Pauline (Vera), her stepdaughter, not her ward as in Turgenev, for the affections of a young man, Ferdinand (Belyaev), employed by her family. Gertrude tries to get rid of her rival by marrying her off to someone unsuitable, Godard (Bolshintsov). A significant part is played in the action by the family doctor, Vernon (Shpigelsky), a humorous and caustic character. The inessential though grandiloquently named boy, Napoléon, has a more vital counterpart in Kolya.

La marâtre, neither artistically nor financially successful, has now sunk into a well-deserved obscurity. Turgenev, taking the same basic outline, transforms completely the sources of dramatic conflict and the essence of the characters. Rakitin, who in *Месяц в деревне* bears the main intellectual and artistic burden, has no counterpart in *La marâtre*. On the other hand the husband in Balzac is a key figure without whom the dénouement (the poisoning of Pauline and Ferdinand whom she has secretly married) would not have taken place. The melodrama of *La marâtre* and the worn-out technique of the Romantic drama are entirely missing from Turgenev, and instead we have subtle but unforced dialogue such as he later used in his novels. Almost as important, Turgenev places his action in the Russian milieu that is familiar to him.

Critics have not been slow to point out the autobiographical content of this play. The actress, M. G. Savina, a very successful interpreter of the rôles of Vera and Natalya Petrovna, related that Turgenev had told her that Natalya Petrovna was drawn from life, and of Rakitin he had said: «А Раки́тин — э́то я. Я всегда́ в свои́х рома́нах неуда́чным люба́вником изобража́ю себя́.» Rakitin certainly contains much of Turgenev, his powers of observation of people, his sensitivity to nature which Natalya Petrovna makes fun of: «Я вообража́ю, приро́да должна́ быть вам несказа́нно благода́рна за ва́ши изы́сканно счастли́вые выраже́ния.» But most attention has been paid to the relationship between Rakitin and Natalya Petrovna, which bears a great resemblance to that between Turgenev and Pauline Viardot. Much as Rakitin is on friendly terms with Islayev, so was Turgenev with Louis Viardot; they spent a lot of time together and collaborated in writing French translations of works of Russian literature. Rakitin's relationship with Natalya gives a fairly good idea of Turgenev's attachment to Pauline Viardot. Rakitin is tolerated as an old friend whom Natalya loves in a peaceful unexcited way, but who becomes rather boring after a time, and he knows it. (See their conversation in Act I before Islayev's entry.) The bitterness latent in such a relationship finds full and poignant expression in Rakitin's advice to Belyaev in Act V.

III

Compared with the novels, *Месяц в деревне* is an example of "pure literature", with little social and political significance. In fact, however, it describes the intrusion of a *разночинец* into a "nest of gentlefolk". Belyaev tells both Vera and Natalya Petrovna about his home and his humble origins. His home is defined by the word домишко, a pejorative diminutive. His father is a very good man without a great deal of education. His mother is dead. Natalya Petrovna recognizes the clear distinction between this young man and the gentry: «О нём нельзя́ суди́ть по тому́, что наш брат сде́лал бы на его́ ме́сте. Ведь он ниско́лько на нас не похо́ж.» His kindness, generosity, cheerfulness, and frank and open manner make him universally liked, not only by the servants but also by the gentry. (See Vera's description of him in Act III.) But it cannot be said that the attraction is mutual. In his final conversation with Vera, Belyaev gives vent to his relief at leaving the Islayevs' estate: «Мне ду́шно здесь, мне хо́чется на во́здух.» It is an echo of Natalya Petrovna's malaise at the beginning of Act I, when she compares the conversation between her and Rakitin to lace-making: «А вы вида́ли, как кру́жево плету́т? В ду́шных ко́мнатах, не дви́гаясь с ме́ста.» Belyaev's confusion is observed by the other разночинец in the play, the perspicacious and caustic Shpigelsky, who sees Belyaev as the little goat that is eaten by wolves.

Месяц в деревне is enacted in a specific social setting, but it is not its social significance that makes this play a great and moving work of literature, but the universality of its emotions and the depth and subtlety of Turgenev's analysis of character. On the one hand Turgenev looks forward to his own great novels, in his insight into the psychology of his characters and in his skill in portraying them. On the other hand he shows an instinctive understanding of the theatre, and his dramatic technique in many ways foreshadows the plays of Chekhov.

The action of the play is almost entirely psychological. The events take place within the characters themselves and in their relationships with one another. Our interest centres around the development of the feelings of Natalya Petrovna, Rakitin, Vera and Belyaev, and in the gradual revelation of these emotions.

The most complex characters of the play, Natalya Petrovna and Rakitin, are analysed with rare insight and subtlety. In the dialogues between them, the barbed remarks of Natalya Petrovna in particular strike home at Rakitin's weaknesses. In the monologues Turgenev is able to probe more deeply still into their emotions, thoughts and decisions. Natalya Petrovna unmasks her own motives almost as readily as she lays bare those of Rakitin. In her monologue in Act III, Turgenev shows her admitting herself for the first time that she is in love with Belyaev, and swaying between her decision to send him away and the hope that he may return her love. For a moment she seems to stand back and examine her own actions almost as an outsider. In Act II Rakitin too analyses his own ideas objectively, upbraiding himself for wishful thinking in underestimating Belyaev. Both Rakitin and Natalya Petrovna are complex, introspective people, but while Natalya Petrovna is emotional, strong-willed, selfish and sometimes quite ruthless, Rakitin is more objective, weaker, honest and more intellectual. Natalya Petrovna dominates him, as he expresses it, like a cat playing with a mouse. While she always sees the situation in terms of her own emotions, Rakitin at times expresses it in abstract terms, for example in Act I: «Что э́то тако́е? Нача́ло конца́ и́ли про́сто коне́ц? (*Помолчав немного.*) Или нача́ло?»

Contrast of this kind is one of Turgenev's favourite techniques. In this play, as in his novels, he uses the technique of characterisation by juxtaposition. Contrasting characters are thrown into relief by a comparison with their opposites: Rakitin and Belyaev, Rakitin and Islayev, Natalya Petrovna and Vera.

Turgenev, a master of style, brings out clearly the difference between the language of different characters. Each has his own idiom: the exact and exquisite manner of Rakitin, mildly ridiculed by Natalya Petrovna, the boyish uncomplicated directness of Belyaev, the assurance of Natalya Petrovna, at times sparkling with wit, at times formal and insincere, and at times charged with deeply felt emotion. Then there is Shpigelsky, with his rich, racy colloquialisms, and Bolshintsov and Herr Schaaf, two figures of fun, each with his own way of maltreating the Russian language.

The dialogue of *Месяц в деревне* shows not only Turgenev's mastery of style but his originality as a dramatist. The language is natural and well suited to the theatre. Not least eloquent are his pauses. They reveal surprise and shock at a sudden discovery, an inner struggle in making a decision, the slow realisation of what is happening, and they punctuate the dialogue, marking the transition from one subject to another.

11

The play is stamped with Turgenev's pessimistic view of life. Characteristically happiness is always just out of reach. In the novels, where love is one of the main themes, its course runs smoothly only once, between Elena and Insarov in *Накануне*, and then it is halted by Insarov's untimely death. In *Месяц в деревне* Rakitin, Vera and Natalya Petrovna all fail to realize their hopes. Rakitin has to leave, Natalya Petrovna to resign herself to life as it is, and Vera takes the first escape-route offered her, marriage to Bolshintsov. It is significant that the only couple with the prospect of being happily married as a result of the action of the play are Shigelsky and Lizaveta Bogdanovna, and in their case, as Shpigelsky is careful to make clear, «Об романти́ческой э́дакой любви́ ме́жду на́ми, вы понима́ете, и говори́ть не́чего.»

Part of the naïvety of Belyaev that makes him out of place in the company of Natalya Petrovna and Rakitin is his belief that love is something pleasant, a source of happiness. Rakitin, in Act V, does his best to disillusion him, in a bitter outburst revealing the misery brought by any love, happy or unhappy, and the torture inflicted by the loved one. Turgenev recognized the love-hate relationship long before it became a commonplace of psychology: «Погоди́те! вы узна́ете ско́лько жгу́чей не́нависти та́ится под са́мой пла́менной любо́вью.» The manner of Natalya's avowal of love is not one of tenderness, but rather of her subjection to an elemental force. It is this force that has driven her to trick Vera into confiding in her and then to relate these confidences to Belyaev. Even Belyaev, for a time powerless in the sway of such a force, feels «что́-то необыкнове́нное, небыва́лое, сло́вно чья́-то рука́ мне сти́снула се́рдце.»

The pessimistic tendency of *Месяц в деревне*, however, is

relieved by a poetic undercurrent, evoked largely by the use of the elements and natural surroundings, revealing a writer who was always close to the countryside in spirit. The garden, the sun, the wind, the rain and the clouds are all frequently brought in to give the play a further dimension. They appear too as subtle and expressive images, of which one of the most striking examples comes from Belyaev just before his departure, when he explains to Vera his feelings on going away: «...а ме́жду тем мо́ре так ве́село шуми́т, ве́тер так свежо́ ду́ет ему́ в лицо́, что кровь нево́льно игра́ет в его́ жи́лах, как се́рдце в нём ни тяжело́.»

IV

Unlike Chekhov, who did not consider his plays complete until they had been revised in rehearsal, Turgenev was very modest and unassuming about the dramatic potentialities of his play. At the beginning of the first edition (*Современник*, 1855, № 1) there is a note signed with Turgenev's initials: «Коме́дия э́та напи́сана четы́ре го́да тому наза́д и никогда́ не назнача́лась для сце́ны. Э́то со́бственно не коме́дия — а по́весть в драмати́ческой фо́рме. Для сце́ны она́ не годи́тся, э́то я́сно; благоскло́нному чита́телю остаётся реши́ть, годи́тся ли она́ в печа́ти.» Such critical reaction as there was to the publication of *Месяц в деревне* was lukewarm and tacitly accepted Turgenev's over-modest view that the work was unsuited to the stage. The reviewer of *Отечественные записки* did, however, remark on the purely psychological nature of the action.

It is regrettable, but in view of Turgenev' own introductory warning, hardly surprising that no attempt was made to produce the play for a long time. The first performance took place at the Malyi Teatr in Moscow on 13th January 1871 as the benefit performance of E. N. Vasilyeva, who played Natalya Petrovna. Turgenev, who was abroad at the time, advised against the production, but gave his permission and authorised any cuts necessary. It was not a success, and Turgenev was depressed by the unfavourable reviews. It was again chosen for a benefit, in 1879 at the Aleksandriysky Teatr, St. Petersburg, by M. G. Savina, who played Vera. Once more Turgenev gave permission, while expressing the opinion that the play was not suitable for the stage. This time it was so much abridged, that Turgenev was moved to disclaim responsibility shortly before the production. But it proved a success, and after that at last entered the repertory.

Месяц в деревне really came into its own when it was produced in 1909 by Nemirovich-Danchenko and Stanislavsky, with Stanislavsky as Rakitin. This time, although attention was paid to the period atmosphere, the emphasis was on the psychological interplay and, according to Stanislavsky, his new method of acting was here recognised and appreciated for the first time.

Месяц в деревне now needs no apology. We are better placed than Turgenev's contemporaries to recognise the realism and true dramatic value of his analysis of character. We can admire the subtle originality of a dramatic technique based mainly on psychological action and see in Turgenev's comedy a forerunner of the plays of Chekhov. It is now performed throughout the world, both in the original and in many different translations, and has taken its rightful place among the great classics of literature and of the theatre.

МЕ́СЯЦ В ДЕРЕ́ВНЕ

Комедия в пяти́ действиях

ДЕ́ЙСТВУЮЩИЕ ЛИ́ЦА

Арка́дий Серге́ич Исла́ев, бога́тый поме́щик, 36 лет.
Ната́лья Петро́вна, жена́ его́, 29 лет.
Ко́ля, сын их, 10 лет.
Ве́рочка, воспи́танница, 17 лет.
А́нна Семёновна Исла́ева, мать Исла́ева, 58 лет.
Лизаве́та Богда́новна, компаньо́нка, 37 лет.
Шааф, не́мец-гуверне́р, 45 лет.
Миха́йла Алекса́ндрович Раки́тин, друг до́ма, 30 лет.
Алексе́й Никола́евич Беля́ев, студе́нт, учи́тель Ко́ли, 21 го́да.
Афана́сий Ива́нович Большинцо́в, сосе́д, 48 лет.
Игна́тий Ильи́ч Шпиге́льский, до́ктор, 40 лет.
Матве́й, слуга́, 40 лет.
Ка́тя, служа́нка, 20 лет.

Де́йствие происхо́дит в име́нии Исла́ева в нача́ле сороковы́х годо́в.
Ме́жду 1 и 2, 2 и 3, 4 и 5 де́йствиями прохо́дит по дню.

15

ДЕЙСТВИЕ ПЕРВОЕ

Театр представляет гостиную. Направо карточный стол и дверь в кабинет; прямо дверь в залу; налево два окна и круглый стол. По углам диваны. За карточным столом Анна Семёновна, Лизавета Богдановна и Шааф играют в преферанс,[1] у круглого стола сидят Наталья Петровна и Ракитин. Наталья Петровна вышивает по канве, у Ракитина в руках книга. Стенные часы показывают три часа.

Шааф. Ф червёх.[2]

Анна Семёновна. Опять? Да ты нас, батюшка, эдак совсем заиграешь.

Шааф (*флегматически*). Фоземь ф червёх.

Анна Семёновна (*Лизавьте Богдановне*). Каков! С ним играть нельзя.

Лизавета Богдановна улыбается.

Наталья Петровна (*Ракитину*). Что ж вы перестали? Читайте.

Ракитин (*медленно поднимая книгу*). «Monte-Cristo se redressa haletant ...[3]» Наталья Петровна, вас это занимает?

Наталья Петровна. Нисколько.

Ракитин. Для чего же мы читаем?

Наталья Петровна. А вот для чего.[4] На днях мне одна дама говорила: «Вы не читали Монте-Кристо? Ах, прочтите — это прелесть». Я ничего ей не отвечала тогда, а теперь могу ей сказать, что читала и никакой прелести не нашла.

Ракитин. Ну да, если вы теперь уже успели убедиться ...

Наталья Петровна. Ах, какой вы ленивый!

16

Раки́тин. Я гото́в, поми́луйте ... (*Отыска́в ме́сто, где останови́лся*). Se redressa haletant, et ...

Ната́лья Петро́вна (*сама́ перебива́я его́*). Ви́дели вы Арка́дия сего́дня?

Раки́тин. Я с ним встре́тился на плоти́не ... Её у вас чи́нят. Он объясня́л что-то рабо́чим и для бо́льшей я́сности вошёл в песо́к по коле́на.

Ната́лья Петро́вна. Он за всё принима́ется с сли́шком больши́м жа́ром ... сли́шком стара́ется. Это недоста́ток. Как вы ду́маете?

Раки́тин. Я с ва́ми согла́сен.

Ната́лья Петро́вна. Как это ску́чно! ... Вы всегда́ со мно́ю согла́сны. Чита́йте.

Раки́тин. А! ста́ло быть, вы хоти́те, чтобы я с ва́ми спо́рил ... Изво́льте.

Ната́лья Петро́вна. Я хочу́ ... Я хочу́! ... Я хочу́, чтоб *вы* хоте́ли ... Чита́йте, говоря́т вам.

Раки́тин. Слу́шаю-с. (*Опя́ть принима́ется за кни́гу*).

Шааф. Ф черве́х.

А́нна Семёновна. Как? опя́ть? Это нестерпи́мо! (*Ната́лье Петро́вне.*) Ната́ша ... Ната́ша ...

Ната́лья Петро́вна. Что?

А́нна Семёновна. Вообрази́ себе́, Шааф нас совсе́м заигра́л ... То и де́ло семь, во́семь в червя́х.

Шааф. И дебе́рь зем.

А́нна Семёновна. Слы́шишь? Это ужа́сно.

Ната́лья Петро́вна. Да ... ужа́сно.

А́нна Семёновна. Так вист же! (*Ната́лье Петро́вне.*) А где Ко́ля?

Ната́лья Петро́вна. Он ушёл гуля́ть с но́вым учи́телем.

Анна Семёновна. А! Лизавета Богдановна, я вас приглашаю.

Ракитин *(Наталье Петровне)*. С каким учителем?

Наталья Петровна. Ах да! Я вам и забыла сказать ... мы без вас нового учителя наняли.

Ракитин. На место Дюфура?

Наталья Петровна. Нет ... Русского учителя. Француза нам княгиня из Москвы пришлёт.

Ракитин. Что он за человек, этот русский? старый?

Наталья Петровна. Нет, молодой ... Мы его, впрочем, только на летние месяцы взяли.[5]

Ракитин. А! на кондицию.[6]

Наталья Петровна. Да, это у них, кажется, так называется. И знаете ли что, Ракитин? Вы вот любите наблюдать людей, разбирать их, копаться в них ...

Ракитин. Помилуйте, с чего вы ...[7]

Наталья Петровна. Ну да, да ... Обратите-ка на него ваше внимание. Мне он нравится. Худой, стройный, весёлый взгляд, смелое выражение ... Вы увидите. Он, правда, довольно неловок ... а для вас это беда.

Ракитин. Наталья Петровна, вы меня сегодня ужасно преследуете.

Наталья Петровна. Кроме шуток, обратите на него внимание. Мне кажется, из него может выйти человек славный. А, впрочем, Бог знает!

Ракитин. Вы возбуждаете моё любопытство ...

Наталья Петровна. В самом деле? *(Задумчиво.)* Читайте.

Ракитин. Se redressa haletant, et ...

Наталья Петровна *(вдруг оглядываясь)*. А где Вера? Я её с утра не видала. *(С улыбкой Ракитину.)* Бросьте эту

18

кни́гу ... Я ви́жу, нам сего́дня чита́ть не уда́стся ... Расска-
жи́те мне лу́чше что́-нибудь ...

Раки́тин. Изво́льте ... Что ж мне вам рассказа́ть? ...
Вы зна́ете, я не́сколько дней провёл у Крини́цыных ...
Вообрази́те, на́ши молоды́е уже́ скуча́ют.

Ната́лья Петро́вна. Почему́ вы э́то могли́ заме́тить?

Раки́тин. Да ра́зве ску́ку мо́жно скрыть? Всё друго́е
мо́жно ... но ску́ку нет.

Ната́лья Петро́вна (*поглядев на него*). А друго́е всё
мо́жно?

Раки́тин (*помолчав немного*). Я ду́маю.

Ната́лья Петро́вна (*опустив глаза*). Так что ж вы
де́лали у Крини́цыных?

Раки́тин. Ничего́. Скуча́ть с друзья́ми — ужа́сная вещь:
вам ло́вко, вы не стеснены́, вы их лю́бите, зли́ться вам не́ на
что, а ску́ка вас всё-таки томи́т, и се́рдце глу́по но́ет, сло́вно
голо́дное.

Ната́лья Петро́вна. Вам, должно́ быть, ча́сто с дру-
зья́ми ску́чно быва́ет.

Раки́тин. Как бу́дто и вы не зна́ете, что зна́чит прису́т-
ствие челове́ка, кото́рого лю́бишь и кото́рый надоеда́ет!

Ната́лья Петро́вна (*медленно*). Кото́рого лю́бишь ...
э́то вели́кое сло́во. Вы что́-то мудрено́ говори́те.[8]

Раки́тин. Мудрено́ ... почему́ же мудрено́?

Ната́лья Петро́вна. Да, э́то ваш недоста́ток. Зна́ете
ли что, Раки́тин: вы, коне́чно, о́чень умны́, но ... (*остана́в-
ливаясь*), иногда́ мы с ва́ми разгова́риваем, то́чно кру́жево
плетём ... А вы вида́ли, как кру́жево плету́т? В ду́шных ко́мна-
тах, не дви́гаясь с ме́ста ... Кру́жево — прекра́сная вещь, но
глото́к све́жей воды́ в жа́ркий день гора́здо лу́чше.

Раки́тин. Ната́лья Петро́вна, вы сего́дня ...

Ната́лья Петро́вна. Что?

Раки́тин. Вы сего́дня на меня́ за что́-то се́рдитесь.

Ната́лья Петро́вна. О, то́нкие лю́ди, как вы ма́ло проница́тельны, хотя́ и то́нки!... Нет, я на вас не сержу́сь.

А́нна Семёновна. А! наконе́ц обреми́зился! Попа́лся! *(Ната́лье Петро́вне.)* Ната́ша, злоде́й наш поста́вил реми́з.

Шааф *(ки́сло).* Лисафе́т Богда́новне финова́т...

Лизаве́та Богда́новна *(с се́рдцем).* Извини́те-с, я не могла́ знать, что у А́нны Семёновны не́ было черве́й.

Шааф. Фперёт я Лисафе́т Богда́новне не приклаша́ю.

А́нна Семёновна *(Шаа́фу).* Да чем же она́ винова́та?

Шааф *(повторя́ет то́чно тем же го́лосом).* Фперёт я Лисафе́т Богда́новне не приклаша́ю.

Лизаве́та Богда́новна. А мне что!⁹ Вот ещё!...

Раки́тин. Чем бо́лее я на вас гляжу́, Ната́лья Петро́вна, тем бо́лее я не узна́ю ва́шего лица́ сего́дня.

Ната́лья Петро́вна *(с не́которым любопы́тством).* В са́мом де́ле?

Раки́тин. Пра́во. Я нахожу́ в вас каку́ю-то переме́ну.

Ната́лья Петро́вна. Да?... В тако́м слу́чае сде́лайте одолже́нье... Вы ведь меня́ зна́ете — угада́йте, в чём состои́т э́та переме́на, что во мне тако́е произошло́ — а?

Раки́тин. А вот погоди́те...

Ко́ля вдруг с шу́мом вбега́ет из за́лы пря́мо к А́нне Семёновне.

Ко́ля. Ба́бушка, ба́бушка! посмотри́-ка, что у меня́! *(Пока́зывает ей лук и стре́лы.)* Посмотри́-ка!

А́нна Семёновна. Покажи́, душа́ моя́... Ах, како́й сла́вный лук! кто тебе́ его́ сде́лал?

Коля. Вот он ... он ... (*Указывает на Беляева, который остановился у двери залы.*)

Анна Семёновна. А! да как он хорошо сделан ...

Коля. Я уже стрелял из него в дерево, бабушка, и попал два раза ... (*Прыгает.*)

Наталья Петровна. Покажи, Коля.

Коля (*бежит к ней и пока Наталья Петровна рассматривает лук*). Ах, maman! как Алексей Николаич на деревья лазит! Он меня хочет выучить, и плавать тоже он меня выучит. Он меня всему, всему выучит! (*Прыгает.*)

Наталья Петровна (*Беляеву*). Я вам очень благодарна за ваше внимание к Коле ...

Коля (*с жаром её перебивая*). Я его очень люблю, maman, очень!

Наталья Петровна (*гладя Колю по голове*). Он у меня немножко изнежен ... Сделайте мне из него ловкого и проворного мальчика.

Беляев кланяется.

Коля. Алексей Николаич, пойдёмте в конюшню, отнесём Фавориту хлеба.

Беляев. Пойдёмте.

Анна Семёновна (*Коле*). Поди сюда, поцелуй меня сперва ...

Коля (*убегая*). После, бабушка, после!

Убегает в залу; Беляев уходит за ним.

Анна Семёновна (*глядя вслед Коле*). Что за милый ребёнок! (*К Шаафу и Лизавете Богдановне.*) Не правда ли?

Лизавета Богдановна. Как же-с.

Ша́аф *(помолча́в немно́го).* Я пасс.

Ната́лья Петро́вна *(с не́которой жи́востью Раки́тину).* Ну, как он вам показа́лся?

Раки́тин. Кто?

Ната́лья Петро́вна *(помолча́в).* Э́тот ... ру́сский учи́тель.

Раки́тин. Ах, извини́те — я и забы́л ... Я так был за́нят вопро́сом, кото́рый вы мне зада́ли ...

Ната́лья Петро́вна гляди́т на него́ с едва́ заме́тной усме́шкой.

Впро́чем, его́ лицо́ ... действи́тельно ... Да; у него́ хоро́шее лицо́. Он мне нра́вится. То́лько, ка́жется, он о́чень засте́нчив.

Ната́лья Петро́вна. Да.

Раки́тин *(гля́дя на неё).* Но всё-таки я не могу́ себе́ дать отчёта ...

Ната́лья Петро́вна. Что бы нам с ва́ми позаня́ться им,[10] Раки́тин? Хоти́те? Око́нчимте его́ воспита́ние. Вот превосхо́дный слу́чай для степе́нных, рассуди́тельных люде́й, каковы́ мы с ва́ми! Ведь мы о́чень рассуди́тельны, не пра́вда ли?

Раки́тин. Э́тот молодо́й челове́к вас занима́ет. Е́сли б он э́то знал ... его́ бы э́то польсти́ло.

Ната́лья Петро́вна. О, пове́рьте, нисколько! О нём нельзя́ суди́ть по тому́, что ... наш брат сде́лал бы на его́ ме́сте. Ведь он нисколько на нас не похо́ж, Раки́тин. В то́м-то и беда́, друг мой: мы сами́х себя́ изуча́ем с больши́м приле́жа́нием и вообража́ем пото́м, что зна́ем люде́й.

Раки́тин. Чужа́я душа́ — тёмный лес.[11] Но к чему́ э́ти намёки ... За что вы меня́ то и де́ло ко́лете?

Ната́лья Петро́вна. Кого́ же коло́ть, ко́ли не друзе́й ...

22

А вы мой друг ... Вы это зна́ете. *(Жмёт ему́ ру́ку.)*

Раки́тин улыба́ется и светле́ет.

Вы мой ста́рый друг.

Раки́тин. Бою́сь я то́лько ... как бы э́тот ста́рый друг вам не прие́лся ...

Ната́лья Петро́вна *(смея́сь).* Одни́ хоро́шие ве́щи приеда́ются.

Раки́тин. Мо́жет быть ... То́лько от э́того им не ле́гче.

Ната́лья Петро́вна. Полноте ... *(Пони́зив го́лос.)* Как бу́дто вы не зна́ете ... ce que vous êtes pour moi.[12]

Раки́тин. Ната́лья Петро́вна, вы игра́ете со мной, как ко́шка с мы́шью ... Но мышь не жа́луется.

Ната́лья Петро́вна. О, бе́дный мышо́нок!

А́нна Семёновна. Два́дцать с вас, Ада́м Ива́ныч ... Ага́!

Шааф. Я фперёт Лисафе́т Богда́новне не приклаша́ю.

Матве́й *(вхо́дит из за́лы и докла́дывает).* Игна́тий Ильи́ч прие́хали-с.[13]

Шпиге́льский *(входя́ по его́ следа́м).* Об доктора́х не докла́дывают.

Матве́й ухо́дит.

Нижа́йшее моё почте́нье всему́ семе́йству. *(Подхо́дит к А́нне Семёновне к ру́чке.)* Здра́вствуйте, ба́рыня. Чай, в вы́игрыше?

А́нна Семёновна. Како́е в вы́игрыше![14] Наси́лу отыгра́лась ... И то сла́ва Бо́гу! Всё вот э́тот злоде́й.[15] *(Ука́зывая на Шаа́фа.)*

Шпиге́льский *(Шаа́фу).* Ада́м Ива́ныч, с да́мами-то! э́то нехорошо́ ... Я вас не узна́ю.

Шааф *(ворча́ сквозь зу́бы).* З-да́мами, з-да́мами ...

Шпиге́льский *(подхо́дит к кру́глому столу́ нале́во).*

Здра́вствуйте, Ната́лья Петро́вна! Здра́вствуйте, Миха́йло Алекса́ндрыч!

Ната́лья Петро́вна. Здра́вствуйте, до́ктор. Как вы пожива́ете?

Шпиге́льский. Мне э́тот вопро́с о́чень нра́вится ... Зна́чит, вы здоро́вы. Что со мно́ю де́лается? Поря́дочный до́ктор никогда́ бо́лен не быва́ет; ра́зве вдруг возьмёт да умрёт[16] ... Ха-ха.

Ната́лья Петро́вна. Ся́дьте. Я здоро́ва, то́чно ... но я не в ду́хе ... А ведь э́то то́же нездоро́вье.

Шпиге́льский (садя́сь по́дле Ната́льи Петро́вны). А позво́льте-ка ваш пульс ... (Щу́пает у ней пульс.) Ох, уж э́ти мне не́рвы, не́рвы ... Вы ма́ло гуля́ете, Ната́лья Петро́вна ... ма́ло смеётесь ... вот что ... Миха́йло Алекса́ндрыч, что вы смо́трите? А впро́чем, мо́жно бе́лые ка́пли[17] прописа́ть.

Ната́лья Петро́вна. Я не прочь смея́ться ... (С жи́востью.) Да вот вы, до́ктор ... у вас злой язы́к, я вас за э́то о́чень люблю́ и уважа́ю, пра́во ... расскажи́те мне что-нибудь смешно́е. Миха́йло Алекса́ндрыч сего́дня всё филосо́фствует.

Шпиге́льский (украдкою погля́дывая на Раки́тина). А, ви́дно, не одни́ не́рвы страда́ют, и жёлчь то́же немно́жко расходи́лась ...

Ната́лья Петро́вна. Ну, и вы туда́ же![18] Наблюда́йте ско́лько хоти́те, до́ктор, да то́лько не вслух. Мы все зна́ем, что вы ужа́сно проница́тельны ... Вы о́ба о́чень проница́тельны.

Шпиге́льский. Слу́шаю-с.

Ната́лья Петро́вна. Расскажи́те нам что-нибудь смешно́е.

Шпиге́льский. Слу́шаю-с. Вот не ду́мал, не гада́л — цап-цара́п, расска́зывай …[19] Позво́льте табачку́ поню́хать. (*Нюхает.*)

Ната́лья Петро́вна. Каки́е приготовле́нья!

Шпиге́льский. Да ведь, ма́тушка моя́, Ната́лья Петро́вна, вы изво́льте сообрази́ть: смешно́е смешно́му розь.[20] Что́ для кого́. Сосе́ду ва́шему, наприме́р, господи́ну Хлопу́шкину, сто́ит то́лько э́дак па́лец показа́ть, уж он и зали́лся, и хрипи́т, и пла́чет … а ведь вы … Ну, одна́ко, позво́льте. Зна́ете ли вы Верени́цына, Плато́на Васи́льевича?

Ната́лья Петро́вна. Ка́жется, зна́ю и́ли слыха́ла.

Шпиге́льский. У него́ ещё сестра́ сумасше́дшая. По-мо́ему, они́ ли́бо о́ба сумасше́дшие, ли́бо о́ба в здра́вом смы́сле; потому́ что ме́жду бра́том и сестро́й реши́тельно нет никако́й ра́зницы, но де́ло не в том. Судьба́-с, везде́ судьба́-с, и во всём судьба́-с. У Верени́цына дочь, зелё́ненькая, зна́ете, така́я, гла́зки бле́дненькие, но́сик кра́сненький, зу́бки жё́лтенькие, ну, сло́вом, о́чень любе́зная деви́ца; на фортепиа́нах игра́ет и сюсю́кает то́же, ста́ло быть, всё в поря́дке. За ней две́сти душ да тё́ткиных полтора́ста. Тё́тка-то ещё жива́ и до́лго проживё́т, сумасше́дшие все до́лго живу́т, да ведь вся́кому го́рю пособи́ть мо́жно.[21] Подписа́ла же она́ духо́вную в по́льзу племя́нницы, а накану́не я ей собственнору́чно на́ голову холо́дную во́ду лил — и соверше́нно, впро́чем, напра́сно лил, потому́ что вы́лечить её нет никако́й возмо́жности. Ну, ста́ло быть, у Верени́цына дочь, неве́ста не из после́дних. На́чал он её вывози́ть, ста́ли женихи́ появля́ться, ме́жду про́чими не́кто Перекузов, худосо́чный молодо́й челове́к, ро́бкий, но с отли́чными пра́вилами. Вот-с, понра́вился наш Перекузов отцу́; понра́вился и до́чери … Кажи́сь, за чем бы де́ло ста́ло?[22] с Бо́гом, под вене́ц![23]

25

И действи́тельно, всё шло прекра́сно: господи́н Верени́цын, Плато́н Васи́льич, уже́ начина́л господи́на Переку́зова по желу́дку э́дак, зна́ете, хло́пать и по́ плечу трепа́ть, как вдруг отку́да ни возьми́сь заезжий офице́р,²⁴ Ардалио́н Протобека́сов! На ба́ле у предводи́теля увида́л Верени́цынову дочь, протанцева́л с ней три по́льки, сказа́л ей, должно́ быть, э́дак закати́вши глаза́: «О, как я несча́стлив!» — ба́рышня моя́ так ра́зом и свихну́лась. Слёзы пошли́, вздо́хи, о́хи ... На Переку́зова не глядя́т, с Переку́зовым не говоря́т, от одного́ сло́ва «сва́дьба» ко́рчи де́лаются ... Фу ты, Го́споди Бо́же мой, что за при́тча! Ну, ду́мает Верени́цын, ко́ли Протобека́сова, так Протобека́сова. Бла́го же он челове́к то́же с состоя́ньем. Приглаша́ют Протобека́сова, де́скать, сде́лайте честь ... Протобека́сов де́лает честь; Протобека́сов приезжа́ет, воло́чится, влюбля́ется, наконе́ц, предлага́ет ру́ку и се́рдце. Что ж вы ду́маете? Деви́ца Верени́цына то́тчас с ра́достью соглаша́ется? Как бы не так! Сохрани́ Бог! Опя́ть слёзы, вздо́хи, припа́дки. Оте́ц прихо́дит в тупи́к. Что же наконе́ц? Чего́ на́добно? А она́ что, вы ду́маете, ему́ отвеча́ет? Я, де́скать, ба́тюшка, не зна́ю, кого́ люблю́, того́ и́ли э́того. «Как?» — ей Бо́гу, не зна́ю, и уж лу́чше ни за кого́ не вы́йду, а люблю́! С Верени́цыным, разуме́ется, то́тчас холе́ра,²⁵ женихи́ то́же не зна́ют, что ж тако́е наконе́ц? а она́ всё на своём.²⁶ Вот-с, изво́льте рассуди́ть, каки́е чудеса́ у нас происхо́дят!

Ната́лья Петро́вна. Я в э́том ничего́ удиви́тельного не нахожу́ ... Как бу́дто нельзя́ двух люде́й ра́зом люби́ть?

Раки́тин. А! вы ду́маете ...

Ната́лья Петро́вна (ме́дленно). Я ду́маю ... а впро́чем, не зна́ю ... мо́жет быть, э́то дока́зывает то́лько то, что ни того́, ни друго́го не лю́бишь.

26

Шпигéльский *(нюхая табáк и посмáтривая то на Натáлью Петрóвну, то на Ракúтина)*. Вот как-с, вот как-с …

Натáлья Петрóвна *(с живостью Шпигéльскому)*. Ваш расскáз óчень хорóш, но вы всё-таки меня не рассмешúли.

Шпигéльский. Да, бáрыня вы моя, кто вас рассмешúт тепéрь, помúлуйте? Вам тепéрь не тогó нýжно.

Натáлья Петрóвна. Чегó же мне нýжно?

Шпигéльский *(с притвóрно-смирéнным вúдом)*. А Госпóдь вéдает!

Натáлья Петрóвна. Ах, какóй вы скýчный, не лýчше Ракúтина.

Шпигéльский. Мнóго чéсти, помúлуйте …

> Натáлья Петрóвна дéлает нетерпелúвое движéние.

Áнна Семёновна *(поднимáясь с мéста)*. Ну, наконéц … *(Вздыхáет.)* Нóги себé отсидéла совсéм.

> Лизавéта Богдáновна и Шааф тóже встаю́т.

О-ох.

Натáлья Петрóвна *(встаёт и идёт к ним)*. Охóта же вам так дóлго сидéть …[27]

> Шпигéльский и Ракúтин встаю́т.

Áнна Семёновна *(Шáафу)*. За тобóю семь грúвен, бáтюшка.[28]

> Шааф сýхо клáняется.

Не всё тебé нас накáзывать.[29] *(Натáлье Петрóвне.)* Ты сегóдня как бýдто бледнá, Натáша. Здорóва ты? … Шпигéльский, здорóва онá?

Шпигéльский *(котóрый о чём-то перешёптывался с Ракúтиным)*. О, совершéнно!

А́нна Семёновна. То-то же ... А я пойду́ немно́жко от-
дохну́ть пе́ред обе́дом ... Уста́ла, смерть. Ли́за, пойдём ...
ох, но́ги, но́ги ...

Идёт с Лизаве́той Богда́новной в за́лу. Ната́лья Петро́вна провожа́ет
её до двере́й. Шпиге́льский, Раки́тин и Шааф остаю́тся на авансце́не.

Шпиге́льский *(Шаа́фу, подава́я ему́ табаке́рку).* Ну,
Ада́м Ива́ныч, ви бефинден зи зих?[30]
Шааф *(нюхая с ва́жностью).* Карашо́. А фи как?
Шпиге́льский. Поко́рно благодарю́, помале́ньку. *(Ра-
ки́тину вполго́лоса.)* Так вы то́чно не зна́ете, что с Ната́льей
Петро́вной сего́дня?
Раки́тин. Пра́во, не зна́ю.
Шпиге́льский. Ну, ко́ли *вы* не зна́ете ... *(Обора́чивается
и идёт навстре́чу Ната́лье Петро́вне, кото́рая возвраща́ется
от две́ри.)* А у меня́ есть до вас де́льце, Ната́лья Петро́вна.
Ната́лья Петро́вна *(идя́ к окну́).* Неуже́ли? како́е?
Шпиге́льский. Мне ну́жно с ва́ми поговори́ть наедине́ ...
Ната́лья Петро́вна. Вот как ... вы меня́ пуга́ете.

Раки́тин ме́жду тем взял Шаа́фа под руку, хо́дит с ним взад и вперёд
и шепчет ему́ что́-то по-неме́цки. Шааф смеётся и говори́т вполго́лоса:
«Ja, ja, ja, jawohl ,jawohl sehr gut».[31]

Шпиге́льский *(пони́зив го́лос).* Э́то де́ло, со́бственно,
не до вас одни́х каса́ется ...
Ната́лья Петро́вна *(гля́дя в сад).* Что вы хоти́те ска-
за́ть?
Шпиге́льский. Вот в чём де́ло-с. Оди́н хоро́ший знако́-
мый меня́ проси́л узна́ть ... то есть ... ва́ши наме́рения насчёт ва́шей воспи́танницы ... Ве́ры Алекса́ндровны.
Ната́лья Петро́вна. Мои́ наме́рения?

Шпигельский. То есть ... говоря без обиняков, мой знакомый ...

Наталья Петровна. Уж не сватается ли за неё?

Шпигельский. Точно так-с.

Наталья Петровна. Вы шутите?

Шпигельский. Никак нет-с.

Наталья Петровна (смеясь). Да помилуйте, она ещё ребёнок; какое странное поручение!

Шпигельский. Чем же странное, Наталья Петровна? мой знакомый ...

Наталья Петровна. Вы большой делец, Шпигельский. А кто такой ваш знакомый?

Шпигельский (улыбаясь). Позвольте, позвольте. Вы мне ещё ничего не сказали положительного насчёт ...

Наталья Петровна. Полноте, доктор. Вера ещё дитя. Вы сами это знаете, господин дипломат. (Оборачиваясь.) Да вот, кстати, и она.

Из залы вбегают Вера и Коля.

Коля (бежит к Ракитину). Ракитин, вели нам клею дать, клею ...

Наталья Петровна (к Вере). Откуда вы? (Гладит её по щеке.) Как ты раскраснелась ...

Вера. Из саду ...

Шпигельский ей кланяется.

Здравствуйте, Игнатий Ильич.

Ракитин (Коле). На что тебе клею?³²

Коля. Нужно, нужно ... Алексей Николаич нам змея делает ... Прикажи ...

Ракитин (хочет позвонить). Постой, сейчас ...

29

Шааф. Erlauben Sie ...[33] Каспадин Колия сифодне сфой лекцион не брочидал ... *(Берёт Колю за руку.)* Kommen Sie.[34]

Коля *(печально)*. Morgen, Herr Schaaf, morgen ...[35]

Шааф *(резко)*. Morgen, morgen, nur nicht heute, sagen alle faule Leute ...[36] Kommen Sie ...

Коля упирается.

Наталья Петровна *(Вере)*. С кем это ты так долго гуляла? Я тебя не видала с утра.

Вера. С Алексеем Николаичем ... с Колей ...

Наталья Петровна. А! *(Оборачиваясь.)* Коля, что это значит?

Коля *(понизив голос)*. Господин Шааф ... Мамаша ...

Ракитин *(Наталье Петровне)*. Они там змея делают, а здесь вот ему урок хотят задать.

Шааф *(с чувством достоинства)*. Gnädige Frau ...[37]

Наталья Петровна *(строго Коле)*. Извольте слушаться, довольно вы сегодня бегали ... Ступайте с господином Шааф.

Шааф *(уводя Колю в залу)*. Es ist unerhört![38]

Коля *(уходя, шёпотом Ракитину)*. А ты всё-таки клей прикажи ...

Ракитин кивает.

Шааф *(дёргая Колю)*. Kommen Sie, mein Herr ...

Уходит с ним в залу, Ракитин уходит вслед за ними.

Наталья Петровна *(Вере)*. Сядь ... ты, должно быть, устала ... *(Садится сама.)*

Вера *(садясь)*. Никак нет-с.

Наталья Петровна *(с улыбкой Шпигельскому)*, Шпигельский, посмотрите на неё, ведь она устала?

Шпиге́льский. Да ведь э́то Ве́ре Алекса́ндровне здоро́во.

Ната́лья Петро́вна. Я не говорю́ … *(Ве́ре.)* Ну, что вы в саду́ де́лали?

Ве́ра. Игра́ли-с; бе́гали-с. Сперва́ мы смотре́ли, как плоти́ну копа́ют, а пото́м Алексе́й Никола́ич за бе́лкой на де́рево поле́з, высоко́-высоко́, и на́чал верху́шку кача́ть … Нам всем да́же стра́шно ста́ло … Бе́лка наконе́ц упа́ла, и Трезо́р чуть-чу́ть её не пойма́л … Одна́ко она́ ушла́.

Ната́лья Петро́вна *(с улы́бкой взгляну́в на Шпиге́льского).* А пото́м?

Ве́ра. А пото́м Алексе́й Никола́ич Ко́ле лук сде́лал … да так ско́ро … а пото́м он к на́шей коро́ве на лугу́ подкра́лся и вдруг ей на́ спину вскочи́л … коро́ва испуга́лась и побежа́ла, забрыка́ла … а он смеётся *(смеётся сама́)*, а пото́м Алексе́й Никола́ич хоте́л нам змея́ сде́лать, вот мы и пришли́ сюда́.

Ната́лья Петро́вна *(тре́плет её по щеке́).* Дитя́, дитя́, соверше́нное ты дитя́ … а? как вы ду́маете, Шпиге́льский?

Шпиге́льский *(ме́дленно и гля́дя на Ната́лью Петро́вну).* Я с ва́ми согла́сен.

Ната́лья Петро́вна. То́-то же.

Шпиге́льский. Да ведь э́то ничему́ не меша́ет … Напро́тив …

Ната́лья Петро́вна. Вы ду́маете? *(Ве́ре.)* Ну, и о́чень вы весели́лись?

Ве́ра. Да-с … Алексе́й Никола́ич тако́й заба́вный.

Ната́лья Петро́вна. Вот как. *(Помолча́в немно́го.)* Ве́рочка, а ско́лько тебе́ лет?

Ве́ра с не́которым изумле́нием гляди́т на неё.

Дитя́ … дитя́ …

Раки́тин вхо́дит из за́лы.

Шпиге́льский *(хлопотли́во).* Ах, я и забы́л ... у вас ку́чер бо́лен ... а я его́ ещё не вида́л ...

Ната́лья Петро́вна. Что у него́?

Шпиге́льский. Горя́чка; впро́чем, опа́сности нет никако́й.

Ната́лья Петро́вна *(ему́ вслед).* Вы у нас обе́даете, до́ктор?

Шпиге́льский. Е́сли позво́лите. *(Ухо́дит в за́лу.)*

Ната́лья Петро́вна. Mon enfant vous feriez bien de mettre une autre robe pour le diner ...[39]

Ве́ра встаёт.

Подойди́ ко мне ... *(Целу́ет её в лоб.)* Дитя́, дитя́!

Ве́ра целу́ет у ней ру́ку и идёт в кабине́т.

Раки́тин *(тихо́нько Ве́ре, мига́я гла́зом).* А я Алексе́ю Никола́ичу посла́л всё, что ну́жно.

Ве́ра *(вполго́лоса).* Благода́рствуйте, Миха́йло Алекса́ндрыч. *(Ухо́дит.)*

Раки́тин *(подхо́дит к Ната́лье Петро́вне. Она́ ему́ протя́гивает ру́ку. Он то́тчас её пожима́ет).* Наконе́ц мы одни́ ... Ната́лья Петро́вна, скажи́те мне, что с ва́ми?

Ната́лья Петро́вна. Ничего́, Michel, ничего́. И е́сли что бы́ло, тепе́рь всё прошло́. Ся́дьте.

Раки́тин сади́тся по́дле неё.

С кем э́того не случа́ется? Хо́дят же по не́бу ту́чки. Что вы на меня́ так гляди́те?

Раки́тин. Я гляжу́ на вас ... Я сча́стлив.

Ната́лья Петро́вна *(улыба́ется ему́ в отве́т).* Откро́йте окно́, Michel. Как хорошо́ в саду́!

Раки́тин встаёт и открыва́ет окно́.

Здра́вствуй, ве́тер. *(Смеётся.)* Он сло́вно ждал слу́чая ворваться … *(Оглядываясь.)* Как он завладел всей комнатой … Теперь его не выгонишь …

Ракитин. Вы сами теперь мягки и тихи, как вечер после грозы.

Наталья Петровна *(задумчиво повторяя последние слова)*. После грозы … Да разве была гроза?

Ракитин *(качая головой)*. Собиралась.

Наталья Петровна. В самом деле? *(Глядя на него, после небольшого молчания.)* А знаете ли что, Мишель, я не могу вообразить себе человека добрее вас. Право.

Ракитин хочет её остановить.

Нет, не мешайте мне высказаться. Вы снисходительны, ласковы, постоянны. Вы не изменяетесь. Я вам многим обязана.

Ракитин. Наталья Петровна, зачем вы мне это говорите именно теперь?

Наталья Петровна. Не знаю; мне весело, я отдыхаю; не запрещайте мне болтать …

Ракитин *(жмёт ей руку)*. Вы добры, как ангел.

Наталья Петровна *(смеясь)*. Сегодня поутру вы бы этого не сказали … Но послушайте, Michel, вы меня знаете, вы должны меня извинить. Наши отношения так чисты, так искренни … и всё-таки не совсем естественны. Мы с вами имеем право не только Аркадию, но всем прямо в глаза глядеть … Да; но … *(Задумывается.)* Вот оттого-то мне иногда и тяжело бывает, и неловко, я злюсь, я готова, как дитя, выместить свою досаду на другом, особенно на вас … Вас это предпочтение не сердит?

Ракитин *(с живостью)*. Напротив …

Наталья Петровна. Да, иногда весело помучить, кого

любишь ... кого любишь ... Ведь я, как Татьяна, тоже могу сказать: «К чему лукавить?»⁴⁰

Ракитин. Наталья Петровна, вы ...

Наталья Петровна (*перебивая его*). Да ... я вас люблю; но знаете ли что, Ракитин? Знаете ли, что мне иногда странным кажется: я вас люблю ... и это чувство так ясно, так мирно ... Оно меня не волнует ... я им согрета, но ... (*С живостью.*) Вы никогда не заставили меня плакать ... а я бы, кажется, должна была ... (*Перерываясь.*) Что это значит?

Ракитин (*несколько печально*). Такой вопрос не требует ответа.

Наталья Петровна (*задумчиво*). А ведь мы давно с вами знакомы.

Ракитин. Четыре года. Да, мы старые друзья.

Наталья Петровна. Друзья ... Нет, вы мне более, чем друг ...

Ракитин. Наталья Петровна, не касайтесь до этого вопроса ... Я боюсь за моё счастье, как бы оно не исчезло у вас под руками.

Наталья Петровна. Нет ... нет ... нет. Всё дело в том, что вы слишком добры ... Вы мне слишком потакаете ... Вы меня избаловали ... Вы слишком добры, слышите?

Ракитин (*с улыбкою*). Слушаю-с.

Наталья Петровна (*глядя на него*). Я не знаю, как вы ... Я не желаю другого счастья ... Многие могут мне позавидовать. (*Протягивает ему обе руки.*) Не правда ли?

Ракитин. Я в вашей власти ... делайте из меня, что хотите ...

В зале раздаётся голос Ислаева: «Так вы послали за ним?»

Наталья Петровна (*быстро приподнимаясь*). Он! Я не могу теперь его видеть ... Прощайте! (*Уходит в кабинет.*)

34

Раки́тин (*гля́дя ей вслед*). Что э́то тако́е? Нача́ло конца́ и́ли про́сто коне́ц? (*Помолча́в немно́го.*) Или нача́ло?

Вхо́дит Исла́ев с озабо́ченным ви́дом и снима́ет шля́пу.

Исла́ев. Здра́вствуй, Michel.

Раки́тин. Мы уже́ ви́делись сего́дня.

Исла́ев. А! Извини́ ... Я соверше́нно захлопота́лся. (*Хо́дит по ко́мнате.*) Стра́нное де́ло! Ру́сский мужи́к о́чень смышлён, о́чень поня́тлив, я уважа́ю ру́сского мужика́ ... а ме́жду тем иногда́ говори́шь ему́, говори́шь, толку́ешь, толку́ешь ... Я́сно, ка́жется, а по́льзы никако́й. У ру́сского мужика́ нет э́того ... э́того ...

Раки́тин. Да ты всё ещё над плоти́ной хлопо́чешь?

Исла́ев. Э́того ... так сказа́ть ... э́той любви́ к рабо́те не́ту ... и́менно любви́ нет. Он тебе́ мне́нья твоего́ хорошо́ вы́сказать не даст. «Слу́шаю, ба́тюшка ... »А како́е: слу́шаю — про́сто ничего́ не по́нял. Посмотри́-ка на не́мца — то ли де́ло! Терпе́нья у ру́сского нет. Со всем тем, я его́ уважа́ю ... А где Ната́ша? Не зна́ешь?

Раки́тин. Она́ сейча́с здесь была́.

Исла́ев. Да кото́рый час? Пора́ бы обе́дать. С утра́ на нога́х — дела́ про́пасть ... А ещё сего́дня на постро́йке не́ был. Вре́мя так вот и ухо́дит. Беда́! — про́сто никуда́ не поспева́ешь!

Раки́тин улыба́ется.

Ты, я ви́жу, смеёшься на́до мной ... Да что ж, брат, де́лать? Кому́ что.[41] Я челове́к положи́тельный, рождён быть хозя́ином — и бо́льше ниче́м. Бы́ло вре́мя — я о друго́м мечта́л; да осёкся, брат! Па́льцы себе́ обжёг — во́ как![42] Что э́то Беля́ев не идёт?

Раки́тин. Кто тако́е Беля́ев?

И с л а́ е в. А но́вый наш учи́тель, ру́сский. Дичо́к ещё поря́дочный; ну, да привы́кнет. Ма́лый неглу́пый. Я его́ попроси́л сего́дня посмотре́ть, что постро́йка …

Вхо́дит Беля́ев.

А, да вот и он! Ну, что? Как там? Ничего́ не де́лают небо́сь? А?

Б е л я́ е в. Нет-с; рабо́тают.

И с л а́ е в. Второ́й сруб ко́нчили?

Б е л я́ е в. На́чали тре́тий.

И с л а́ е в. А насчёт венцо́в — вы сказа́ли?

Б е л я́ е в. Сказа́л.

И с л а́ е в. Ну — а они́ что?

Б е л я́ е в. Они́ говоря́т, что ина́че они́ и не де́лали никогда́.

И с л а́ е в. Гм. Ерми́л-пло́тник там?

Б е л я́ е в. Там.

И с л а́ е в. А! … Ну, благода́рствуйте!

Вхо́дит Ната́лья.

А! Ната́ша! здра́вствуй!

Р а к и́ т и н. Что ты э́то сего́дня со все́ми два́дцать раз здоро́ваешься?

И с л а́ е в. Говоря́т тебе́, захлопота́лся. Ах, кста́ти! Я тебе́ не пока́зывал но́вую мою́ ве́ялку? Пойдём, пожа́луйста; э́то любопы́тно. Вообрази́ — урага́н из неё, про́сто урага́н. До обе́да ещё успе́ем … Хо́чешь?

Р а к и́ т и н. Изво́ль.

И с л а́ е в. А ты, Ната́ша, не идёшь с на́ми?

Н а т а́ л ь я П е т р о́ в н а. Бу́дто я понима́ю что в ва́ших ве́ялках! Ступа́йте вы одни́ — да смотри́те не заме́шкайтесь.

И с л а́ е в (уходя́ с Раки́тиным). Мы сейча́с …

Беля́ев собира́ется за ни́ми идти́.

Наталья Петровна (*Беляеву*). Куда́ же вы, Алексе́й Никола́ич?

Беля́ев. Я-с ... я ...

Наталья Петровна. Впро́чем, е́сли вы хоти́те гуля́ть ...

Беля́ев. Нет-с, я це́лое у́тро был на во́здухе!

Наталья Петровна. А! ну в тако́м слу́чае ся́дьте ... Ся́дьте здесь. (*Ука́зывая на стул.*) Мы с ва́ми ещё не поговори́ли как сле́дует, Алексе́й Никола́ич. Мы ещё не познако́мились.

Беля́ев кла́няется и садится.

А я жела́ю с ва́ми познако́миться.

Беля́ев. Я-с ... мне о́чень ле́стно.

Наталья Петровна (*с улы́бкой*). Вы меня́ тепе́рь бои́тесь, я э́то ви́жу ... но погоди́те, вы меня́ узна́ете, вы переста́нете меня́ боя́ться. Скажи́те ... Скажи́те, ско́лько вам лет?

Беля́ев. Два́дцать оди́н год-с.

Наталья Петровна. Ва́ши роди́тели жи́вы?

Беля́ев. Мать моя́ умерла́. Оте́ц жив.

Наталья Петровна. И давно́ ва́ша ма́тушка сконча́лась?

Беля́ев. Давно́-с.

Наталья Петровна. Но вы её по́мните?

Беля́ев. Как же ... по́мню-с.

Наталья Петровна. А ба́тюшка ваш в Москве́ живёт?

Беля́ев. Ника́к нет-с, в дере́вне.

Наталья Петровна. А! что, у вас есть бра́тья ... сёстры?

Беля́ев. Одна́ сестра́.

Наталья Петровна. Вы её о́чень лю́бите?

Беля́ев. Люблю́-с. Она́ гора́здо моло́же меня́.

Ната́лья Петро́вна. А как её зову́т?

Беля́ев. Ната́льей.

Ната́лья Петро́вна (с жи́востью). Ната́льей? Э́то стра́нно. И меня́ та́кже Ната́льей зову́т ... (Остана́вливается.) И вы о́чень её лю́бите?

Беля́ев. Да-с.

Ната́лья Петро́вна. Скажи́те, как вы нахо́дите моего́ Ко́лю?

Беля́ев. Он о́чень ми́лый ма́льчик.

Ната́лья Петро́вна. Не пра́вда ли? И тако́й лю́бящий! Он уже́ успе́л привяза́ться к вам.

Беля́ев. Я гото́в стара́ться ... Я рад ...

Ната́лья Петро́вна. Вот, ви́дите ли, Алексе́й Никола́ич, коне́чно, я бы жела́ла сде́лать из него́ де́льного челове́ка. Я не зна́ю, уда́стся ли э́то мне, но во вся́ком слу́чае я хочу́, что́бы он всегда́ с удово́льствием вспомина́л о вре́мени своего́ де́тства. Пусть он растёт себе́ на во́ле — э́то гла́вное. Я сама́ была́ ина́че воспи́тана, Алексе́й Никола́ич; мой оте́ц был челове́к не злой, но раздражи́тельный и стро́гий ... все в до́ме, начина́я с ма́меньки, его́ боя́лись. Мы с бра́том, быва́ло, вся́кий раз укра́дкой крести́лись, когда́ нас зва́ли к нему́. Иногда́ мой оте́ц принима́лся меня́ ласка́ть, но да́же в его́ объя́тиях я, по́мнится, вся замира́ла. Брат мой вы́рос, и вы, мо́жет быть, слыха́ли об его́ разры́ве с отцо́м ... Я никогда́ не забу́ду э́того стра́шного дня ... Я до са́мой кончи́ны ба́тюшки оста́лась поко́рною до́черью ... он называ́л меня́ свои́м утеше́ньем, свое́й Антиго́ной ...[43] (он осле́п в после́дние го́ды свое́й жи́зни); но са́мые его́ не́жные ла́ски не могли́ изгла́дить во мне пе́рвые впечатле́ния мое́й мо́лодости ... Я боя́лась его́, слепо́го старика́, и никогда́ в его́ прису́тствии не чу́вствовала себя́ свобо́дной ... Следы́ э́той робости, этого долгого принужденья, может быть, до сих пор не исчезли совершенно ... я знаю, я с первого взгляда кажусь ... как это сказать? ... холодной, что ли ... Но я замечаю, что я рассказываю вам о самой себе, вместо того чтобы говорить вам о Коле. Я только хотела сказать, что я по собственному опыту знаю, как хорошо ребёнку расти на воле ... Вот вас, я думаю, в детстве не стесняли, не правда ли?

Беляев. Как вам сказать-с ... Меня, конечно, никто не стеснял ... мной никто не занимался.

Наталья Петровна (робко). А ваш батюшка разве ...

Беляев. Ему было не до того-с. Он всё больше по соседям ездил ... по делам-с ... Или хотя и не по делам, а ... Он через них, можно сказать, хлеб свой добывал. Через свои услуги.

Наталья Петровна. А! И так-таки никто не занимался вашим воспитанием?

Беляев. По правде сказать, никто. Впрочем, оно, должно быть, заметно. Я слишком хорошо чувствую свои недостатки.

Наталья Петровна. Может быть ... но зато ... (Останавливается и продолжает с некоторым смущением.) Ах, кстати, Алексей Николаич, это вы вчера в саду пели?

Беляев. Когда-с?

Наталья Петровна. Вечером, возле пруда, вы?

Беляев. Я-с. (Поспешно.) Я не думал ... пруд отсюда так далеко ... Я не думал, чтобы здесь можно было слышать ...

Наталья Петровна. Да вы как будто извиняетесь? У вас очень приятный, звонкий голос, и вы так хорошо поёте. Вы учились музыке?

Беля́ев. Ника́к нет-с. Я понаслы́шке пою́-с ... одни́ просты́е пе́сни.

Ната́лья Петро́вна. Вы их прекра́сно поёте ... Я вас когда́-нибудь попрошу́ ... не тепе́рь, а вот когда́ мы с ва́ми бо́льше познако́мимся, когда́ мы сбли́зимся с ва́ми ... ведь не пра́вда ли, Алексе́й Никола́ич, мы с ва́ми сбли́зимся? Я чу́вствую к вам дове́рие, моя́ болтовня́ вам э́то мо́жет доказа́ть ...

Она́ протя́гивает ему́ ру́ку для того́, чтобы он её пожа́л. Беля́ев нереши́тельно берёт её и по́сле не́которого недоуме́ния, не зна́я, что де́лать с э́той руко́й, целу́ет её. Ната́лья Петро́вна красне́ет и отнима́ет у него́ ру́ку. В э́то вре́мя вхо́дит из за́лы Шпиге́льский, остана́вливается и де́лает шаг наза́д. Ната́лья Петро́вна бы́стро встаёт, Беля́ев то́же.

Ната́лья Петро́вна (с смуще́нием). А, э́то вы, до́ктор... а мы вот здесь с Алексе́ем Никола́ичем ... (Остана́вливается.)

Шпиге́льский (гро́мко и развя́зно). Вообрази́те себе́, Ната́лья Петро́вна, каки́е дела́ у вас происхо́дят. Вхожу́ я в людску́ю, спра́шиваю больно́го ку́чера, глядь! а мой больно́й сиди́т за столо́м и в о́бе щеки́ упи́сывает блин с лу́ком. Вот по́сле э́того и занима́йся медици́ной, наде́йся на боле́знь да на безоби́дные дохо́ды![44]

Ната́лья Петро́вна (принуждённо улыба́ясь). А! в са́мом де́ле ...

Беля́ев хо́чет уйти́.

Алексе́й Никола́ич, я забы́ла вам сказа́ть ...

Ве́ра (вбега́я из за́лы). Алексе́й Никола́ич! Алексе́й Никола́ич! (Она́ вдруг остана́вливается при ви́де Ната́льи Петро́вны.)

Ната́лья Петро́вна *(с не́которым удивле́нием).* Что тако́е? Что тебе́ на́добно?

Ве́ра *(красне́я и потупя́ глаза́, ука́зывает на Беля́ева).* Их зову́т.

Ната́лья Петро́вна. Кто?

Ве́ра. Ко́ля … то́ есть Ко́ля меня́ проси́л насчёт змея́ …

Ната́лья Петро́вна. А! *(Вполго́лоса Ве́ре.)* On n'entre pas comme cela dans une chambre … Cela ne convient pas.[45] *(Обраща́ясь к Шпиге́льскому.)* Да кото́рый час, до́ктор? У вас всегда́ ве́рные часы́ … Пора́ обе́дать.

Шпиге́льский. А вот, позво́льте. *(Вынима́ет часы́ из карма́на.)* Тепе́рь-с … тепе́рь-с, доложу́ вам — пя́того два́дцать мину́т.[46]

Ната́лья Петро́вна. Вот ви́дите. Пора́.

Подхо́дит к зе́ркалу и поправля́ет себе́ во́лосы. Ме́жду тем Ве́ра шёпчет что́-то Беля́еву. О́ба смею́тся. Ната́лья Петро́вна их ви́дит в зе́ркале. Шпиге́льский сбо́ку погля́дывает на неё.

Беля́ев *(смея́сь, вполго́лоса).* Неуже́ли?

Ве́ра *(кивая́ голово́й, то́же вполго́лоса).* Да, да, так и упа́ла.

Ната́лья Петро́вна *(с притво́рным равноду́шием обора́чиваясь к Ве́ре).* Что тако́е? кто упа́л?

Ве́ра *(с смуще́нием).* Нет-с … там каче́ли Алексе́й Никола́ич устро́ил, так ня́нюшка вот взду́мала …

Ната́лья Петро́вна *(не дожида́ясь конца́ отве́та, к Шпиге́льскому).* Ах, кста́ти, Шпиге́льский, поди́те-ка сюда́… *(Отво́дит его́ в сто́рону и обраща́ется опя́ть к Ве́ре.)* Она́ не уши́блась?

Ве́ра. О нет-с!

Ната́лья Петро́вна. Да … а всё-таки, Алексе́й Никола́ич, э́то вы напра́сно …

Матве́й (*входит из за́лы и докла́дывает*). Ку́шанье гото́во-с.

Ната́лья Петро́вна. А! Да где ж Арка́дий Серге́ич? Вот они́ опя́ть опозда́ют с Миха́йлом Алекса́ндровичем.

Матве́й. Они́ уж в столо́вой-с.

Ната́лья Петро́вна. А ма́менька?

Матве́й. В столо́вой и оне́-с.

Ната́лья Петро́вна. А! ну, так пойдёмте. (*Ука́зывая на Беля́ева.*) Ве́ра, allez en avant avec monsieur.[47]

Матве́й выхо́дит, за ним иду́т Беля́ев и Ве́ра.

Шпиге́льский (*Ната́лье Петро́вне*). Вы мне что́-то хоте́ли сказа́ть?

Ната́лья Петро́вна. Ах да! То́чно ... Вот ви́дите ли ... Мы ещё с ва́ми поговори́м о ... о ва́шем предложе́нье.

Шпиге́льский. Насчёт ... Ве́ры Алекса́ндровны?

Ната́лья Петро́вна. Да. Я поду́маю ... я поду́маю.

О́ба ухо́дят в за́лу.

ДЕЙСТВИЕ ВТОРОЕ

Театр представляет сад. Направо и налево, под деревьями, скамейки; прямо малинник. Входят справа Катя и Матвей. У Кати в руках корзинка.

Матвей. Так как же, Катерина Васильевна? Извольте наконец объясниться, убедительно вас прошу.

Катя. Матвей Егорыч, я, право ...

Матвей. Вам, Катерина Васильевна, слишком хорошо известно, как то есть я к вам расположен. Конечно, я старше вас летами; об этом точно спорить нельзя; но всё-таки я ещё постою за себя, я ещё в самом прыску-с.[48] Нрава я тоже, как вы изволите знать, кроткого; кажется, чего ещё?

Катя. Матвей Егорыч, поверьте, я очень чувствую, очень благодарна, Матвей Егорыч ... Да вот ... Подождать, я думаю, надо.

Матвей. Да чего ждать, помилуйте, Катерина Васильевна? Прежде, позвольте вам заметить, вы этого не говорили-с. А что касается до уваженья, кажется, я могу за себя то есть поручиться. Такое уважение получать будете, Катерина Васильевна, какого лучше и требовать нельзя. Притом я человек непиющий, ну, и от господ тоже худого слова не слыхал.

Катя. Право, Матвей Егорыч, я не знаю, что мне вам сказать ...

Матвей. Эх, Катерина Васильевна, это вы недавно что-то начали того-с ...

Ка́тя *(слегка́ покрасне́в)*. Как неда́вно? Отчего́ неда́вно?

Матве́й. Да уж я не зна́ю-с … а то́лько пре́жде вы … вы со мной пре́жде ина́че изво́лили поступа́ть.

Ка́тя *(гляну́в в кули́сы, торопли́во)*. Береги́тесь … Не́мец идёт.

Матве́й *(с доса́дой)*. А ну его́, долгоно́сого журавля́! … А я с ва́ми ещё поговорю́-с. *(Ухо́дит напра́во.)*

Ка́тя то́же хо́чет идти́ в мали́нник. Вхо́дит сле́ва Шааф, с у́дочкой на плече́.

Шааф *(вслед Ка́те)*. Кута́? Кута́, Катери́н?

Ка́тя *(остана́вливаясь)*. Нам мали́ны велено́ набра́ть, Ада́м Ива́ныч.

Шааф. Мали́н? … мали́н прея́тный фрукт. Фи лю́бит мали́н?

Ка́тя. Да, люблю́.

Шааф. Хе, хе! … И я … и я то́же. Я фзе люблю́, что фи лю́бит. *(Ви́дя, что она́ хо́чет уйти́.)* О Катери́н, ботожди́т немно́шко.

Ка́тя. Да не́когда-с … Клю́чница брани́ться бу́дет.

Шааф. Э! ничефо́. Фот и я иту́ … *(Ука́зывая на уду́.)* Как э́то скаса́ть, ри́бить, фи понима́йт, ри́бить, то ись риб брать. Фи лю́бит? риб?

Ка́тя. Да-с.

Шааф. Э, хе, хе, и я, и я. А зна́ете ли, чево́ я вам зкажу́, Катери́н … По-неме́цки есть бе́зенка *(поёт)*: «Cathrinchen, Cathrinchen, wie lieb ich dich so sehr! …» то ись по-ру́сски: «О Катри́нушка, Катри́нушка, фи каро́ш, я тиебия́ люблю́». *(Хо́чет обня́ть её одно́й руко́й.)*

Ка́тя. По́лноте, по́лноте, как вам не сты́дно … Господа́ вон иду́т. *(Спаса́ется в мали́нник.)*

Шааф *(принимая суровый вид, вполголоса)*. Das ist dumm ...[49]

Входит справа Наталья Петровна, под руку с Ракитиным.

Наталья Петровна *(Шаафу)*. А! Адам Иваныч! вы идёте рыбу удить?

Шааф. Дочно дак-с.

Наталья Петровна. А где Коля?

Шааф. З Лисафет Болданофне ... урок на фортепиано ...

Наталья Петровна. А! *(Оглядываясь.)* Вы здесь одни?

Шааф. Атин-с.

Наталья Петровна. Вы не видали Алексея Николаича?

Шааф. Никак нет.

Наталья Петровна *(помолчав)*. Мы с вами пойдём, Адам Иваныч, хотите? посмотрим, как-то вы рыбу ловите?

Шааф. Я одшень рад.

Ракитин *(вполголоса Наталье Петровне)*. Что за охота?[50]

Наталья Петровна *(Ракитину)*. Пойдёмте, пойдёмте, beau ténébreux ...[51]

Все трое уходят направо.

Катя *(осторожно выставляя голову из малинника)*. Ушли ... *(Выходит, немного останавливается и задумывается.)* Вишь, немец! ...[52] *(Вздыхает и опять принимается рвать малину, напевая вполголоса.)*

Не огонь горит,[53] не смола кипит,
А кипит-горит ретиво сердце ...

А Матвей Егорыч-то прав! *(Продолжая напевать.)*

А кипит-горит ретиво сердце
Не по батюшке, не по матушке ...

Кру́пная кака́я мали́на ... *(Продолжа́я напева́ть.)*

Не по ба́тюшке, не по ма́тушке ...

Э́кая жара́! Да́же ду́шно. *(Продолжа́я напева́ть.)*

Не по ба́тюшке, не по ма́тушке ...

А кипи́т-гори́т по ...

Вдруг огля́дывается; умолка́ет и до полови́ны пря́чется за куст. Сле́ва
вхо́дят Беля́ев и Ве́рочка; у Беля́ева в рука́х змей.

Беля́ев *(проходя́ ми́мо мали́нника, Кате́).* Что ж ты переста́ла, Ка́тя? *(Поёт.)*

А кипи́т-гори́т по кра́сной де́вице ...

Ка́тя *(красне́я).* У нас она́ не так поётся.

Беля́ев. А как же?

Ка́тя смеётся и не отвеча́ет.

Что э́то ты, мали́ну набира́ешь? Дай-ка отве́дать.

Ка́тя *(отдавая́ ему́ корзи́нку).* Возьми́те всё ...

Беля́ев. Заче́м всё ... Ве́ра Алекса́ндровна, хоти́те?

Ве́ра берёт из корзи́нки, и он берёт.

Ну, вот и дово́льно. *(Хо́чет отда́ть корзи́нку Ка́те.)*

Ка́тя *(отта́лкивая его́ ру́ку).* Да возьми́те всё, возьми́те.

Беля́ев. Нет, спаси́бо, Ка́тя. *(Отдаёт ей корзи́нку.)* Спаси́бо. *(Ве́ре.)* Ве́ра Алекса́ндровна, ся́демте-ка на скаме́йку.
Вот *(указывая на змея́)* ну́жно ему́ хвост привяза́ть. Вы мне
помо́жете.

О́ба иду́т и садя́тся на скаме́йку. Беля́ев даёт ей змея́ в ру́ки.

Вот так. Смотри́те же, держи́те пря́мо. *(Начина́ет привя́зывать хвост.)* Что же вы?

Ве́ра. Да э́дак я вас не ви́жу.

Беля́ев. Да на что ж вам меня́ ви́деть?

Ве́ра. То есть я хочу́ ви́деть, как вы привя́зываете хвост.

Беля́ев. А! ну, посто́йте. *(Устра́ивает так змей, что ей мо́жно его ви́деть.)* Ка́тя, что ж ты не поёшь? Пой.

Спустя́ немно́го Ка́тя начина́ет напева́ть вполго́лоса.

Ве́ра. Скажи́те, Алексе́й Никола́ич, вы в Москве́ то́же иногда́ пуска́ли змея́?

Беля́ев. Не до зме́ев в Москве́! Подержи́те-ка верёвку ... вот так. Вы ду́маете, нам в Москве́ друго́го не́чего де́лать?

Ве́ра. Что ж вы де́лаете в Москве́?

Беля́ев. Как что? мы у́чимся, профессоро́в слу́шаем.

Ве́ра. Чему́ же вас у́чат?

Беля́ев. Всему́.

Ве́ра. Вы, должно́ быть, о́чень хорошо́ у́читесь. Лу́чше всех други́х.

Беля́ев. Нет, не о́чень хорошо́. Како́е лу́чше всех! Я лени́в.

Ве́ра. Заче́м же вы ле́нитесь?

Беля́ев. А Бог зна́ет! Таки́м уж, ви́дно, роди́лся.

Ве́ра *(помолча́в)*. Что, у вас есть друзья́ в Москве́?

Беля́ев. Как же. Эх, э́та верёвка не дово́льно крепка́.

Ве́ра. И вы их лю́бите?

Беля́ев. Ещё бы! ... Вы ра́зве не лю́бите ва́ших друзе́й?

Ве́ра. Друзе́й ... У меня́ нет друзе́й.

Беля́ев. То есть я хоте́л сказа́ть, ва́ших прия́тельниц.

Ве́ра *(ме́дленно)*. Да.

Беля́ев. Ведь у вас есть прия́тельницы? ...

Ве́ра. Да ... то́лько я не зна́ю, отчего́ ... я с не́которых пор что-то ма́ло об них ду́маю ... да́же Ли́зе Мо́шниной не отвеча́ла, а уж она́ как меня́ проси́ла в своём письме́.

Беля́ев. Как же э́то вы говори́те, у вас нет друзе́й ... а я-то что?

Ве́ра *(с улы́бкой)*. Ну, вы … Вы друго́е де́ло. *(Помолча́в.)* Алексе́й Никола́ич!

Беля́ев. Что?

Ве́ра. Вы пи́шете стихи́?

Беля́ев. Нет. А что?

Ве́ра. Так. *(Помолча́в.)* У нас в пансио́не одна́ ба́рышня писа́ла стихи́.

Беля́ев *(затя́гивая зуба́ми у́зел)*. Вот как! и хоро́шие?

Ве́ра. Я не зна́ю. Она́ нам их чита́ла, а мы пла́кали.

Беля́ев. Отчего́ же вы пла́кали?

Ве́ра. От жа́лости. Так её бы́ло жаль нам!

Беля́ев. Вы воспи́тывались в Москве́?

Ве́ра. В Москве́, у госпожи́ Бо́люс. Ната́лья Петро́вна меня́ отту́да в про́шлом году́ взяла́.

Беля́ев. Вы лю́бите Ната́лью Петро́вну?

Ве́ра. Люблю́; она́ така́я до́брая. Я её о́чень люблю́.

Беля́ев *(с усме́шкой)*. И, чай, бойтесь её?

Ве́ра *(то́же с усме́шкой)*. Немно́жко.

Беля́ев *(помолча́в)*. А кто вас в пансио́н помести́л?

Ве́ра. Ната́льи Петро́вны ма́тушка поко́йница. Я у неё в до́ме вы́росла. Я сирота́.

Беля́ев *(опусти́в ру́ки)*. Вы сирота́? И ни отца́, ни ма́тери вы не по́мните?

Ве́ра. Нет.

Беля́ев. И у меня́ мать умерла́. Мы о́ба с ва́ми сиро́ты. Что ж де́лать! Уныва́ть нам всё-таки не сле́дует.

Ве́ра. Говоря́т, сиро́ты меж собо́ю ско́ро дружа́тся.

Беля́ев *(гля́дя ей в глаза́)*. В са́мом де́ле? А вы как ду́маете?

Ве́ра *(то́же гля́дя ему́ в глаза́, с улы́бкой)*. Я ду́маю, что ско́ро.

48

Беля́ев *(смеётся и снова принима́ется за змей)*. Хотéл бы я знать, скóлько уж я врéмени в здéшних местáх?

Вéра. Сегóдня двáдцать восьмóй день.

Беля́ев. Какáя у вас пáмять! Ну, вот и кóнчен змей. Посмотри́те, какóв хвост! Нáдо за Кóлей сходи́ть.

Кáтя *(подходя́ к ним с корзи́нкой)*. Хоти́те ещё мали́ны?

Беля́ев. Нет, спаси́бо, Кáтя.

Кáтя мóлча отхóдит.

Вéра. Кóля с Лизавéтой Богдáновной.

Беля́ев. И охóта же в такýю погóду ребёнка в кóмнате держáть!

Вéра. Лизавéта Богдáновна нам бы тóлько мешáла …

Беля́ев. Да я не об ней говорю́ …

Вéра *(поспéшно)*. Кóля без неё не мог бы с нáми пойти́ … Впрóчем, онá вчерá об вас с большóй похвалóй отзывáлась.

Беля́ев. В сáмом дéле?

Вéра. Вам онá не нрáвится?

Беля́ев. Ну её! Пусть себé табáк ню́хает на здорóвье! … Зачéм вы вздыхáете?

Вéра *(помолчáв)*. Так. Как нéбо я́сно!

Беля́ев. Так вы от э́того вздыхáете?

Молчáние.

Вам, мóжет быть, скýчно?

Вéра. Мне скýчно? Нет! Я иногдá самá не знáю, о чём я вздыхáю … Мне вóвсе не скýчно. Напрóтив … *(Помолчáв.)* Я не знáю … я, должнó быть, не совсéм здорóва. Вчерá я шла навéрх за кни́жкой — и вдруг на лéстнице, вообрази́те, вдруг сéла на ступéньку и заплáкала … Бог знáет отчегó, и потóм дóлго всё слёзы навёртывались … Что такóе э́то знáчит? А мéжду тем мне хорошó …

Беля́ев. Э́то от ро́ста. Вы растёте. Э́то быва́ет. То-то у вас вчера́ ве́чером глаза́ как бу́дто распу́хли.

Ве́ра. А вы заме́тили?

Бвля́ев. Как же.

Ве́ра. Вы всё замеча́ете.

Беля́ев. Ну, нет ... не всё.

Ве́ра (заду́мчиво). Алексе́й Никола́ич ...

Беля́ев. Что?

Ве́ра (помолча́в). Что бишь я хоте́ла спроси́ть у вас? Я забы́ла, пра́во, что я хоте́ла спроси́ть.

Беля́ев. Вы так рассе́янны?

Ве́ра. Нет ... но ... ах да! Вот что я хоте́ла спроси́ть. Вы мне, ка́жется, ска́зывали — у вас есть сестра́?

Беля́ев. Есть.

Ве́ра. Скажи́те — похо́жа я на неё?

Беля́ев. О нет. Вы гора́здо лу́чше её.

Ве́ра. Как э́то мо́жно! Ва́ша сестра́ ... я бы жела́ла быть на её ме́сте.

Беля́ев. Как? вы жела́ли бы быть тепе́рь в на́шем доми́шке?

Ве́ра. Я не то хоте́ла сказа́ть ... У вас ра́зве до́мик ма́ленький?

Беля́ев. О́чень ма́ленкий ... Не то что здесь.

Ве́ра. Да и на что так мно́го ко́мнат?

Беля́ев. Как на что? вот вы со вре́менем узна́ете, на что нужны́ ко́мнаты.

Ве́ра. Со вре́менем ... Когда́?

Беля́ев. Когда́ вы са́ми ста́нете хозя́йкой ...

Ве́ра (заду́мчиво). Вы ду́маете?

Беля́ев. Вот вы уви́дите. (Помолча́в.) Так что ж, сходи́ть за Ко́лей, Ве́ра Алекса́ндровна ... а?

50

Вера. Отчего́ вы меня́ не зовёте Ве́рочкой?

Беля́ев. А вы меня́ ра́зве мо́жете называ́ть Алексе́ем? ...

Вера. Отчего́ же ... *(Вдруг вздра́гивая.)* Ах!

Беля́ев. Что тако́е?

Вера *(вполго́лоса)*. Ната́лья Петро́вна сюда́ идёт.

Беля́ев *(то́же вполго́лоса)*. Где?

Вера *(ука́зывая голово́й)*. Вон — по доро́жке, с Миха́йлом Алекса́ндрычем.

Беля́ев *(встава́я)*. Пойдёмте к Ко́ле ... Он, должно́ быть, уж ко́нчил свой уро́к.

Вера. Пойдёмте ... а то я бою́сь, она́ меня́ брани́ть бу́дет ...

О́ба встаю́т и бы́стро ухо́дят нале́во. Ка́тя опя́ть пря́чется в мали́нник.
Спра́ва вхо́дят Ната́лья Петро́вна и Раки́тин.

Ната́лья Петро́вна *(остана́вливаясь)*. Э́то, ка́жется, господи́н Беля́ев ухо́дит с Ве́рочкой?

Раки́тин. Да, э́то они́ ...

Ната́лья Петро́вна. Они́ как бу́дто от нас убега́ют.

Раки́тин. Мо́жет быть.

Ната́лья Петро́вна *(помолча́в)*. Одна́ко я не ду́маю, что́бы Ве́рочке сле́довало ... э́дак, наедине́ с молоды́м челове́ком, в саду́ ... Коне́чно, она́ дитя́; но всё-таки э́то неприли́чно ... Я ей скажу́.

Раки́тин. Ско́лько ей лет?

Ната́лья Петро́вна. Семна́дцать! Ей уже́ семна́дцать лет ... А сего́дня жа́рко. Я уста́ла. Ся́демте.

О́ба садя́тся на скаме́йку, на кото́рой сиде́ли Ве́ра и Беля́ев.

Шпиге́льский уе́хал?

Раки́тин. Уе́хал.

Ната́лья Петро́вна. Напра́сно вы его́ не удержа́ли. Я не зна́ю, заче́м э́тому челове́ку вздума́лось сде́латься уе́здным до́ктором ... Он о́чень заба́вен. Он меня́ смеши́т.

Раки́тин. А я так вообрази́л, что вы сего́дня не в ду́хе смея́ться.

Ната́лья Петро́вна. Почему́ вы э́то ду́мали?

Раки́тин. Так!

Ната́лья Петро́вна. Потому́ что мне сего́дня всё чувстви́тельное не нра́вится? О да! предупрежда́ю вас, сего́дня реши́тельно ничего́ не в состоя́нии меня́ тро́нуть. Но э́то не меша́ет мне смея́ться, напро́тив. Прито́м мне ну́жно бы́ло с Шпиге́льским переговори́ть.

Раки́тин. Мо́жно узна́ть — о чём?

Ната́лья Петро́вна. Нет, нельзя́. Вы и без того́ всё зна́ете, что я ду́маю, что я де́лаю ... Э́то ску́чно.

Раки́тин Извини́те меня́ ... Я не предполага́л ...

Ната́лья Петро́вна. Мне хо́чется хоть что́-нибудь скрыть от вас.

Раки́тин. Поми́луйте! из ва́ших слов мо́жно заключи́ть, что мне всё изве́стно ...

Ната́лья Петро́вна *(перебивая его)*. А бу́дто нет?

Раки́тин. Вам уго́дно смея́ться надо мно́й.

Ната́лья Петро́вна. Так вам то́чно не всё изве́стно, что во мне происхо́дит? В тако́м слу́чае я вас не поздравля́ю. Как? челове́к наблюда́ет за мной с утра́ до ве́чера ...

Раки́тин. Что э́то, упрёк?

Ната́лья Петро́вна. Упрёк? *(Помолча́в.)* Нет, я тепе́рь то́чно ви́жу: вы не проница́тельны.

Раки́тин. Мо́жет быть ... но так как я наблюда́ю за ва́ми с утра́ до ве́чера, то позво́льте мне сообщи́ть вам одно́ замеча́ние ...

Ната́лья Петро́вна. На мой счёт? Сде́лайте одолже́ние.

52

Ракитин. Вы на меня не рассердитесь?

Наталья Петровна. Ах нет! Я бы хотела, да нет.

Ракитин. Вы с некоторых пор, Наталья Петровна, находитесь в каком-то постоянно раздражённом состоянии, и это раздраженье в вас невольное, внутреннее: вы словно боретесь сами с собою, словно недоумеваете. Перед моей поездкой к Криницыным я этого не замечал; это в вас недавно.

Наталья Петровна чертит зонтиком перед собой.

Вы иногда так глубоко вздыхаете ... вот как усталый, очень усталый человек вздыхает, которому никак не удаётся отдохнуть.

Наталья Петровна. Что ж вы из этого заключаете, господин наблюдатель?

Ракитин. Я ничего ... Но меня это беспокоит.

Наталья Петровна. Покорно благодарю за участие.

Ракитин. И притом ...

Наталья Петровна (с некоторым нетерпением). Пожалуйста, перемените разговор.

Молчание.

Ракитин. Вы никуда не намерены выехать сегодня?

Наталья Петровна. Нет.

Ракитин. Отчего же? Погода хорошая.

Наталья Петровна. Лень.[54]

Молчание.

Скажите мне ... ведь вы знаете Большинцова?

Ракитин. Нашего соседа, Афанасья Иваныча?

Наталья Петровна. Да.

Ракитин. Что за вопрос? Не далее как третьего дня мы с ним у вас играли в преферанс.

Наталья Петровна. Что он за человек, желаю я знать.

Ракитин. Большинцов?

Наталья Петровна. Да, да, Большинцов.

Ракитин. Вот уж этого я, признаться, никак не ожидал!

Наталья Петровна *(с нетерпением).* Чего вы не ожидали?

Ракитин. Чтобы вы когда-нибудь стали спрашивать о Большинцове! Глупый, толстый, тяжёлый человек — а впрочем, дурного ничего об нём сказать нельзя.

Наталья Петровна. Он совсем не так глуп и не так тяжёл, как вы думаете.

Ракитин. Может быть. Я, признаюсь, не слишком внимательно изучал этого господина.

Наталья Петровна *(иронически).* Вы за ним не наблюдали?

Ракитин *(принуждённо улыбается).* И с чего вам вздумалось ...

Наталья Петровна. Так!

Опять молчание.

Ракитин. Посмотрите, Наталья Петровна, как хорош этот тёмно-зелёный дуб на тёмно-синем небе. Он весь затоплён лучами солнца, и что за могучие краски ... Сколько в нём несокрушимой жизни и силы, особенно когда вы его сравните с той молоденькой берёзой ... Она словно вся готова исчезнуть в сиянии, её мелкие листочки блестят каким-то жидким блеском, как будто тают, а между тем и она хороша ...

Наталья Петровна. Знаете ли что, Ракитин? Я уже давно это заметила ... Вы очень тонко чувствуете так называемые красоты природы и очень изящно, очень умно говорите об них ... так изящно, так умно, что, я воображаю, природа должна быть вам несказанно благодарна за ваши изысканно счастливые выражения; вы волочитесь за ней, как раздушенный маркиз на красных каблучках за хорошенькой крестьянкой ... Только вот в чём беда: мне иногда кажется, что она никак бы не могла понять, оценить ваших тонких замечаний, точно так же, как крестьянка не поняла бы придворных учтивостей маркиза; природа гораздо проще, даже грубее, чем вы предполагаете, потому что она, слава Богу, здорова ... Берёзы не тают и не падают в обморок, как нервические дамы.

Ракитин. Quelle tirade! Природа здорова ... то есть, другими словами, я болезненное существо.

Наталья Петровна. Не вы одни болезненное существо, оба мы с вами не слишком здоровы.

Ракитин. О, мне известен также этот способ говорить другому самым безобидным образом самые неприятные вещи ... Вместо того чтобы сказать ему, например, прямо в лицо: ты, братец, глуп, стоит только заметить ему с добродушной улыбкой: мы ведь, дескать, оба с вами глупы.

Наталья Петровна. Вы обижаетесь? Полноте, что за вздор! Я только хотела сказать, что мы оба с вами ... слово: болезненный — вам не нравится ... что мы оба стары, очень стары.

Ракитин. Почему же стары? Я про себя этого не думаю.

Наталья Петровна. Ну, однако, послушайте; вот мы с вами теперь сидим здесь ... может быть, на этой же самой скамейке, за четверть часа до нас, сидели ... два точно молодые существа.

Ракитин. Беляев и Верочка? Конечно, они моложе нас ...

между нами несколько лет разницы, вот и всё ... Но мы от этого ещё не старики.

Наталья Петровна. Между нами разница не в одних летах.

Ракитин. А! я понимаю ... Вы завидуете их ... naïveté, их свежести, невинности ... словом, их глупости ...

Наталья Петровна. Вы думаете? А! вы думаете, что они глупы? у вас, я вижу, все глупы сегодня. Нет, вы меня не понимаете. Да и притом ... глупы! Что за беда! Что хорошего в уме, когда он не забавляет? ... Ничего нет утомительнее невесёлого ума.

Ракитин. Гм. Отчего вы не хотите говорить прямо, без обиняков? я вас не забавляю — вот что вы хотите сказать ... К чему вы ум вообще за меня грешного заставляете страдать?

Наталья Петровна. Это вы всё не то ...[55]

Катя выходит из малинника.

Что это, ты малины набрала, Катя?

Катя. Точно так-с.

Наталья Петровна. Покажи-ка ...

Катя подходит к ней.

Славная малина! Какая алая ... а твои щёки ещё алей.

Катя улыбается и потупляет глаза.

Ну, ступай.

Катя уходит.

Ракитин. Вот ещё молодое существо в вашем вкусе.

Наталья Петровна. Конечно. (Встаёт.)

Ракитин. Куда вы?

Наталья Петровна. Во-первых, я хочу посмотреть, что

делает Вёрочка … Порá ей домóй … а во-вторы́х, признаю́сь, наш разговóр чтó-то мне не нрáвится. Лýчше на нéкоторое врéмя прекрати́ть нáши рассуждéния о прирóде и мóлодости.

Раки́тин. Вам, мóжет быть, угóдно гуля́ть однóй?

Натáлья Петрóвна. По прáвде сказáть, да. Мы уви́димся скóро … Впрóчем, мы расстаёмся друзья́ми? *(Протя́гивает ему́ рýку)*

Раки́тин *(вставáя).* Ещё бы! *(Жмёт ей рýку.)*

Натáлья Петрóвна. До свидáнья. *(Онá раскрывáет зóнтик и ухóдит налéво.)*

Раки́тин *(хóдит нéкоторое врéмя взад и вперёд).* Что с ней? *(Помолчáв.)* Так! капри́з. Капри́з? Прéжде я э́того в ней не замечáл. Напрóтив, я не знáю жéнщины, бóлее рóвной в обхождéнье. Какáя причи́на? … *(Хóдит опя́ть и вдруг останáвливается.)* Ах, как смешны́ лю́ди, у котóрых однá мысль в головé, однá цель, однó заня́тие в жи́зни … Вот как я, напримéр. Онá прáвду сказáла: с утрá до вéчера наблюдáешь мéлочи и сам станóвишься мéлким … Всё так; но без неё я жить не могу́, в её прису́тствии я бóлее чем счáстлив; э́того чýвства нельзя́ назвáть счáстьем, я весь принадлежу́ ей, расстáться с нéю мне бы́ло бы, без вся́кого преувеличéния, тóчно то же, что расстáться с жи́знию. Что с ней? Что знáчит э́та внýтренняя тревóга, э́та невóльная éдкость рéчи? Не начинáю ли я надоедáть ей? Гм. *(Сади́тся.)* Я никогдá себя́ не обмáнывал; я óчень хорошó знáю, как онá меня́ лю́бит; но я надéялся, что э́то спокóйное чýвство со врéменем … Я надéялся! Рáзве я впрáве, рáзве я смéю надéяться? Признаю́сь, моё положéние довóльно смешнó … почти́ презри́тельно. *(Помолчáв.)* Ну, к чему́ таки́е словá? Онá чéстная жéнщина, а я не ловелáс.[56] *(С гóрь-*

57

кой усме́шкой.) К сожале́нию. (Бы́стро поднима́ясь.) Ну, по́лно! Вон весь э́тот вздор из головы́! (Проха́живаясь.) Како́й сего́дня прекра́сный день! (Помолча́в.) Как она́ ло́вко уязви́ла меня́ ... Мои «изы́сканно счастли́вые» выраже́ния ... Она́ о́чень умна́, осо́бенно когда́ не в ду́хе. И что за внеза́пное поклоне́ние простоте́ и неви́нности? ... Э́тот ру́сский учи́тель ... Она́ мне ча́сто говори́т о нём. Признаю́сь, я в нём ничего́ осо́бенного не ви́жу. Про́сто студе́нт, как все студе́нты. Неуже́ли она́ ... Быть не мо́жет! Она́ не в ду́хе ... сама́ не зна́ет, чего́ ей хо́чется, и вот цара́пает меня́. Бьют же де́ти свою́ ня́ню ... Како́е ле́стное сравне́ние! Но не на́добно меша́ть ей. Когда́ э́тот припа́док тоскли́вого беспоко́йства пройдёт, она́ сама́ пе́рвая бу́дет смея́ться над э́тим долговя́зым птенцо́м, над э́тим све́жим ю́ношей ... Объясне́ние ва́ше неду́рно, Миха́йло Алекса́ндрыч, друг мой, да ве́рно ли оно́? А Госпо́дь ве́дает! Вот уви́дим. Уж не раз случа́лось вам, мой любе́знейший, по́сле до́лгой возни́ с сами́м собо́ю отказа́ться вдруг от всех предположе́ний и соображе́ний, сложи́ть споко́йно ру́чки и смире́нно ждать, что́-то бу́дет. А пока́ созна́йтесь, вам сами́м поря́дочно нело́вко и го́рько ... Таково́ уже́ ва́ше ремесло́ ... (Огля́дывается.) А! да вот и он сам, наш непосре́дственный ю́ноша ... Кста́ти пожа́ловал ... Я с ним ещё ни ра́зу не поговори́л как сле́дует. Посмо́трим, что за челове́к.

Сле́ва вхо́дит Беля́ев.

А, Алексе́й Никола́ич! И вы вы́шли погуля́ть на све́жий во́здух?

Беля́ев. Да-с.

Раки́тин. То есть, призна́ться, во́здух сего́дня не совсе́м свеж; жара́ стра́шная, но здесь, под э́тими ли́пами, в тени́, довóльно снóсно. *(Помолчáв.)* Вѝдели вы Натáлью Пе-трóвну?

Беля́ев. Я сейчáс их встрéтил ... Онé с Вéрой Алексáн-дровной в дом пошлѝ.

Ракѝтин. Да уж э́то не вас ли я с Вéрой Алексáндровной здесь вѝдел, с полчасá томý назáд?

Беля́ев. Да-с ... Я с ней гуля́л.

Ракѝтин. А! *(Берёт егó пóд руку.)* Ну, как вам нрáвится жизнь в дерéвне?

Беля́ев. Я люблю́ дерéвню. Однá бедá: здесь охóта пло-хáя.

Ракѝтин. А вы охóтник?

Беля́ев. Да-с ... А вы?

Ракѝтин. Я? нет; я, признáться, плохóй стрелóк. Я слѝш-ком лени́в.

Беля́ев. Да и я лени́в ... тóлько не ходи́ть.

Ракѝтин. А! Что ж вы — читáть лени́вы?

Беля́ев. Нет, я люблю́ читáть. Мне лень дóлго рабóтать;[57] осóбенно одни́м и тем же предмéтом занимáться мне лень.

Ракѝтин *(улыбáясь).* Ну, а, напримéр, с дáмами разго-вáривать?

Беля́ев. Э! да вы нáдо мной смеётесь ... Дам я бóльше бою́сь.

Ракѝтин *(с нéкоторым смущéнием).* С чегó вы вздý-мали ... с какóй стáти стáну я над вáми смея́ться?

Беля́ев. Да так ... что за бедá! *(Помолчáв.)* Скажи́те, где здесь мóжно достáть пóроху?

Ракѝтин. Да в гóроде, я дýмаю; он там продаётся под ѝменем мáка. Вам нýжно хорóшего?

Беля́ев. Нет; хоть винтóвочного. Мне не стреля́ть, мне фейервéрки дéлать.

59

Раки́тин. А! вы уме́ете …

Беля́ев. Уме́ю. Я уже́ вы́брал ме́сто: за пру́дом. Я слы́-
шал, че́рез неде́лю имени́ны Ната́льи Петро́вны; так вот бы
кста́ти.[58]

Раки́тин. Ната́лье Петро́вне бу́дет о́чень прия́тно тако́е
внима́ние с ва́шей стороны́ … Вы ей нра́витесь, Алексе́й
Никола́ич, скажу́ вам.

Беля́ев. Мне э́то о́чень ле́стно … Ах, кста́ти, Миха́йло
Алекса́ндрыч, вы, ка́жется, получа́ете журна́л. Мо́жете вы
мне дать почита́ть?

Раки́тин. Изво́льте, с удово́льствием … Там есть хоро́-
шие стихи́.

Беля́ев. Я до стихо́в не охо́тник.[59]

Раки́тин. Почему́ же?

Беля́ев. Да так. Смешны́е стихи́ мне ка́жутся натя́ну-
тыми, да прито́м их немно́го; а чувстви́тельные стихи́ …
я не зна́ю … Не ве́рится им что-то.

Раки́тин. Вы предпочита́ете по́вести?

Беля́ев. Да-с, хоро́шие по́вести я люблю́ … но крити́че-
ские статьи́ — вот те меня́ забира́ют.

Раки́тин. А что?

Беля́ев. Тёплый челове́к их пи́шет …

Раки́тин. А са́ми вы — не занима́етесь литерату́рой?

Беля́ев. О нет-с! Что за охо́та писа́ть, ко́ли тала́нту Бог
не дал. То́лько люде́й смеши́ть. Да и прито́м вот что удиви́-
тельно, вот что объясни́те мне, сде́лайте одолже́нье: ино́й
и у́мный, ка́жется, челове́к, а как возьмётся за перо́ — хоть
святы́х вон неси́.[60] Нет, куда́ нам писа́ть — дай Бог понима́ть написанное!

Раки́тин. Зна́ете ли что, Алексе́й Никола́ич? Не у мно́-
гих молоды́х люде́й сто́лько здра́вого смы́сла, ско́лько у вас.

Беля́ев. Поко́рно вас благодарю́ за комплиме́нт. *(По-молча́в.)* Я вы́брал ме́сто для фейерве́рка за пру́дом, по-тому́ что я уме́ю де́лать ри́мские све́чи, кото́рые горя́т на воде́…

Раки́тин. Э́то, должно́ быть, о́чень краси́во … Извини́те меня́, Алексе́й Никола́ич, но позво́льте вас спроси́ть … Вы зна́ете по-францу́зски?

Беля́ев. Нет. Я перевёл рома́н Поль де Ко́ка «Монфер-мельскую моло́чницу»[61] — мо́жет быть, слыха́ли — за пять-деся́т рубле́й ассигна́циями;[62] но я ни сло́ва не зна́ю по-францу́зски. Вообрази́те: «катр-вен-дис»[63] я перевёл: че-ты́ре два́дцать-де́сять … Нужда́, зна́ете ли, заста́вила. А жаль. Я бы жела́л по-францу́зски знать. Да лень про-кля́тая. Жорж Са́нда[64] я бы жела́л по-францу́зски проче́сть. Да вы́говор … как с вы́говором прика́жете сла́дить? ан, он, ен, ён … Беда́!

Раки́тин. Ну, э́тому го́рю ещё мо́жно помо́чь …

Беля́ев. Позво́льте узна́ть, кото́рый час?

Раки́тин *(смо́трит на часы́).* Полови́на второ́го.

Беля́ев. Что э́то Лизаве́та Богда́новна так до́лго Ко́лю де́ржит за фортепиа́нами … Ему́, чай, смерть тепе́рь хо́чется побе́гать.[65]

Раки́тин *(ла́сково).* Да ведь на́добно же и учи́ться, Алексе́й Никола́ич …

Беля́ев *(со вздо́хом).* Не вам бы э́то говори́ть, Миха́йло Алекса́ндрыч — не мне бы слу́шать … Коне́чно, не всем же быть таки́ми шалопа́ями, как я.

Раки́тин. Ну, по́лноте …

Беля́ев. Да уж про э́то я зна́ю …

Раки́тин. А я, так напро́тив, то́же зна́ю, и наве́рное, что

именно то, что вы в себе счита́ете недоста́тком, э́та ва́ша непринуждённость, ва́ша свобо́да — э́то и́менно и нра́вится.

Беля́ев. Кому́, наприме́р?

Раки́тин. Да хоть бы Ната́лье Петро́вне.

Беля́ев. Ната́лье Петро́вне? С ней-то я и не чу́вствую себя́, как вы говори́те, свобо́дным.

Раки́тин. А! В са́мом де́ле?

Беля́ев. Да и наконе́ц поми́луйте, Миха́йло Алекса́ндрыч, ра́зве воспита́ние не пе́рвая вещь в челове́ке? Вам легко́ говори́ть ... Я, пра́во, не понима́ю вас ... *(Вдруг остана́вливаясь.)* Что э́то? Как бу́дто коросте́ль в саду́ кри́кнул? *(Хо́чет идти́.)*

Раки́тин. Мо́жет быть ... но куда́ же вы?

Беля́ев. За ружьём ...

Идёт в кули́сы нале́во, навстре́чу ему́ выхо́дит Ната́лья Петро́вна.

Ната́лья Петро́вна *(увида́в его́, вдруг улыба́ется)*. Куда́ вы, Алексе́й Никола́ич?

Беля́ев. Я-с ...

Раки́тин. За ружьём ... Он коростеля́ в саду́ услыха́л ...

Ната́лья Петро́вна. Нет, не стреля́йте, пожа́луйста, в саду́ ... Да́йте э́той бе́дной пти́це пожи́ть ... Прито́м вы ба́бушку испуга́ть мо́жете.

Беля́ев. Слу́шаю-с.

Ната́лья Петро́вна *(смея́сь)*. Ах, Алексе́й Никола́ич, как вам не сты́дно? «Слу́шаю-с» — что э́то за сло́во? Как мо́жно ... так говори́ть? Да посто́йте; мы вот с Миха́йлом Алекса́ндрычем займёмся ва́шим воспита́ньем ... Да, да ... Мы уже́ с ним не раз говори́ли о вас ... Про́тив вас за́говор, я вас предупрежда́ю. Ведь вы позво́лите мне заня́ться ва́шим воспита́нием?

Беля́ев. Поми́луйте ... Я-с ...

Ната́лья Петро́вна. Во-пе́рвых — не бу́дьте засте́н-чивы, э́то к вам во́все не приста́ло. Да, мы займёмся ва́ми. (*Ука́зывая на Раки́тина.*) Ведь мы с ним старики́ — а вы молодо́й челове́к ... Не пра́вда ли? Посмотри́те, как э́то всё хорошо́ пойдёт. Вы бу́дете занима́ться Ко́лей — а я ... а мы ва́ми.

Беля́ев. Я вам бу́ду о́чень благода́рен.

Ната́лья Петро́вна. То-то же. О чём вы тут разгова́-ривали с Миха́йлой Алекса́ндрычем?

Раки́тин (*улыба́ясь*). Он мне расска́зывал, каки́м о́бра-зом он перевёл францу́зскую кни́гу — ни сло́ва не зна́вши по-францу́зски.

Ната́лья Петро́вна. А! Ну вот мы вас и по-францу́з-ски вы́учим. Да кста́ти, что вы сде́лали с ва́шим зме́ем?

Беля́ев. Я его́ домо́й отнёс. Мне показа́лось, что вам ... неприя́тно бы́ло ...

Ната́лья Петро́вна (*с не́которым смуще́нием*). Отчего́ ж вам э́то показа́лось? Оттого́, что я Ве́рочке ... что я Ве́-рочку домо́й взяла́? Нет, э́то ... Нет, вы оши́блись. (*С жи́-востью.*) Впро́чем, зна́ете ли что? Тепе́рь Ко́ля, должно́ быть, ко́нчил свой уро́к. Пойдёмте возьмёмте его́, Ве́рочку, зме́я — хоти́те? И вме́сте все отпра́вимся на луг. А?

Беля́ев. С удово́льствием, Ната́лья Петро́вна.

Ната́лья Петро́вна. И прекра́сно. Ну, пойдёмте же, пойдёмте. (*Протя́гивает ему́ ру́ку.*) Да возьми́те же мою́ ру́ку, како́й вы нело́вкий! Пойдёмте ... скоре́й.

Оба бы́стро ухо́дят нале́во.

Раки́тин (*гля́дя им вслед*). Что за жи́вость ... что за ве-сёлость ... Я никогда́ у ней на лице́ тако́го выраже́ния не видáл. И какáя внезáпная перемéна! *(Помолчáв.)* Souvent femme varie ...⁶⁶ Но я ... я реши́тельно ей сегóдня не по нутрý. Э́то я́сно. *(Помолчáв.)* Что ж! Уви́дим, что дáлее бýдет. *(Мéдленно.)* Неужéли же ... *(Махáет рукóй.)* Быть не мóжет! ... Но э́та улы́бка, э́тот привéтный, мя́гкий, свéтлый взгляд ... Ах, не дай Бог мне узнáть терзáния рéвности, осóбенно бессмы́сленной рéвности! *(Вдруг оглядываясь.)* Ба, ба, ба ... каки́ми судьбáми?⁶⁷

Слéва вхóдят Шпигéльский и Большинцóв. Раки́тин идёт им навстрéчу.

Здрáвствуйте, господá ... Я, признáться, Шпигéльский, вас сегóдня не ожидáл ... *(Жмёт им рýки.)*

Ш п и г é л ь с к и й. Да и я сам тогó-с ...⁶⁸ Я сам не воображáл ... Да вот заéхал к немý *(укáзывая на Большинцóва)*, а он уж в коля́ске сиди́т, сюдá éдет. Ну, я тóтчас оглóбли назáд⁶⁹ да вмéсте с ним и вернýлся.

Р а к и́ т и н. Что ж, добрó пожáловать.

Б о л ь ш и н ц ó в. Я тóчно собирáлся ...

Ш п и г é л ь с к и й *(заминáя егó речь)*. Нам лю́ди сказáли, что господá все в садý ... По крáйней мéре, в гости́ной никогó нé было ...

Р а к и́ т и н. Да вы рáзве не встрéтили Натáлью Петрóвну?

Ш п и г é л ь с к и й. Когдá?

Р а к и́ т и н. Да вот сейчáс.

Ш п и г é л ь с к и й. Нет. Мы не пря́мо и́з дому сюдá пришли́. Афанáсию Ивáнычу хотéлось посмотрéть, есть ли в рóще грибы́?

Б о л ь ш и н ц ó в *(с недоумéнием)*. Я ...

Ш п и г é л ь с к и й. Ну да, мы знáем, что вы до подберéзников большóй охóтник. Так Натáлья Петрóвна домóй пошлá? Что ж? И мы мóжем вернýться.

64

Большинцо́в. Коне́чно.

Раки́тин. Да, она́ пошла́ домо́й для того́, что́бы позва́ть всех гуля́ть ... Они́, ка́жется, собира́ются пуска́ть змея́.

Шпиге́льский. А! И прекра́сно. В таку́ю пого́ду на́добно гуля́ть.

Раки́тин. Вы мо́жете оста́ться здесь ... Я пойду́ скажу́ ей, что вы прие́хали.

Шпиге́льский. Для чего́ же вы бу́дете беспоко́иться ... Поми́луйте, Миха́йло Алекса́ндрыч ...

Раки́тин. Нет ... мне и без того́ ну́жно ...

Шпиге́льский. А! ну в тако́м слу́чае мы вас не уде́рживаем ... Без церемо́нии, вы зна́ете ...

Раки́тин. До свида́нья, господа́. *(Ухо́дит нале́во.)*

Шпиге́льский. До свида́ния. *(Большинцо́ву.)* Ну-с, Афана́сий Ива́ныч ...

Большинцо́в *(перебива́я его́).* Что э́то вам, Игна́тий Ильи́ч, взду́малось насчёт грибо́в ... Я удивля́юсь; каки́е грибы́?

Шпиге́льский. А небо́сь мне, по-ва́шему, сле́довало сказа́ть, что, де́скать, заробе́л мой Афана́сий Ива́ныч, пря́мо не хоте́л пойти́, попроси́лся сторо́нкой?[70]

Большинцо́в. Оно́ так ... да всё же грибы́ ... Я не зна́ю, я, мо́жет быть, ошиба́юсь ...

Шпиге́льский. Наве́рное ошиба́етесь, друг мой. Вы вот лу́чше о чём поду́майте.[71] Вот мы с ва́ми сюда́ прие́хали ... сде́лано по-ва́шему. Смотри́те же! не уда́рьте лицо́м в грязь.[72]

Большинцо́в. Да, Игна́тий Ильи́ч, ведь вы ... Вы мне сказа́ли то есть ... Я бы жела́л положи́тельно узна́ть, како́й отве́т ...

Шпиге́льский. Почте́ннейший мой Афана́сий Ива́ныч!

От ва́шей дере́вни досю́да счита́ется пятна́дцать вёрст с ли́шком;[73] вы на ка́ждой версте́ по кра́йней ме́ре три ра́за предлага́ли мне тот же са́мый вопро́с ... Неуже́ли же э́того вам ма́ло? Ну, слу́шайте же: то́лько э́то я вас балу́ю в после́дний раз. Вот что мне сказа́ла Ната́лья Петро́вна: «Я ...»

Большинцо́в *(кива́я голово́й)*. Да.

Шпиге́льский *(с доса́дой)*. Да ... Ну, что «да»? Ведь я ещё вам ничего́ не сказа́л ... «Я, говори́т, ма́ло зна́ю господи́на Большинцо́ва, но он мне ка́жется хоро́шим челове́ком; с друго́й стороны́, я ниско́лько не наме́рена принужда́ть Ве́рочку; и потому́ пусть он е́здит к нам, и, е́сли он заслу́жит ...»

Большинцо́в. Заслу́жит? Она́ сказа́ла: заслу́жит?

Шпиге́льский. «Е́сли он заслу́жит её расположе́ние, мы с А́нной Семёновной не бу́дем препя́тствовать ...»

Большинцо́в. «Не бу́дем препя́тствовать»? Та́к-таки и сказа́ла? Не бу́дем препя́тствовать?

Шпиге́льский. Ну да, да, да. Како́й вы стра́нный челове́к! «Не бу́дем препя́тствовать их сча́стью».

Большинцо́в. Гм.

Шпиге́льский. «Их сча́стью». Да; но, заме́тьте, Афана́сий Ива́ныч, в чём тепе́рь зада́ча состои́т ... Вам тепе́рь ну́жно убеди́ть самою́ Ве́ру Алекса́ндровну в том, что для неё брак с ва́ми то́чно сча́стье; вам ну́жно заслужи́ть её расположе́ние.

Большинцо́в *(морга́я)*. Да, да, заслужи́ть ... то́чно; я с ва́ми согла́сен.

Шпиге́льский. Вы непреме́нно хоте́ли, чтобы я вас сего́дня же сюда́ привёз ... Ну, посмо́трим, как вы бу́дете де́йствовать.

Большинцо́в. Де́йствовать? да, да, ну́жно де́йствовать,

нужно заслужить, точно. Только вот что, Игнатий Ильич … Позвольте мне признаться вам, как лучшему моему другу, в одной моей слабости: я вот, вы изволите говорить, желал, чтобы вы сегодня привезли меня сюда …

Шпигельский. Не желали, а требовали, неотступно требовали.

Большинцов. Ну да, положим … я с вами согласен. Да вот, видите ли: дома … я точно … я дома на всё, кажется был готов; а теперь вот робость одолевает.

Шпигельский. Да отчего ж вы робеете?

Большинцов (*взглянув на него исподлобья*). Рыск-с.

Шпигельский. Что-о?

Большинцов. Рыск-с. Большой рыск-с. Я, Игнатий Ильич, должен вам признаться, как …

Шпигельский (*прерывая*). Как лучшему вашему другу … знаем, знаем … Далее?

Большинцов. Точно так-с, я с вами согласен. Я должен вам признаться, Игнатий Ильич, что я … я вообще с дамами, с женским полом вообще, мало, так сказать, имел сношений; я, Игнатий Ильич, признаюсь вам откровенно, просто не могу придумать, о чём можно с особой женского пола поговорить — и притом наедине … особенно с девицей.

Шпигельский. Вы меня удивляете. Я так не знаю, о чём нельзя с особой женского пола говорить, особенно с девицей, и особенно наедине.

Большинцов. Ну, да вы … Помилуйте, где ж мне за вами?[74] Вот по этому-то случаю я бы желал прибегнуть к вам, Игнатий Ильич. Говорят, в этих делах лиха беда начать, так нельзя ли того-с, мне для вступленья в разговор — словечко, что ли, сообщить какое-нибудь приятное, вроде, например, замеча́нья — а уж там я пойду́. Уж там я ка́к-нибудь сам.[75]

Шпиге́льский. Слове́чка я вам никако́го не сообщу́, Афана́сий Ива́ныч, потому́ что вам никако́е слове́чко ни к чему́ не послу́жит ... а сове́т я вам дать могу́, е́сли хоти́те.

Большинцо́в. Да сде́лайте же одолже́нье, ба́тюшка ... А что каса́ется до мое́й благода́рности ... Вы зна́ете ...

Шпиге́льский. По́лноте, по́лноте; что я, ра́зве торгу́юсь с ва́ми?

Большинцо́в *(понизив го́лос)*. Насчёт тро́ечки бу́дьте поко́йны.

Шпиге́льский. Да по́лноте же наконе́ц! Вот ви́дите ли, Афана́сий Ива́ныч ... Вы бесспо́рно прекра́сный челове́к во всех отноше́ниях ...

Большинцо́в слегка́ кла́няется.

челове́к с отли́чными ка́чествами ...

Большинцо́в. О, поми́луйте!

Шпиге́льский. Прито́м у вас, ка́жется, три́ста душ?

Большинцо́в. Три́ста два́дцать-с.

Шпиге́льский. Не зало́женных?

Большинцо́в. За мной копе́йки до́лгу не во́дится.[76]

Шпиге́льский. Ну, вот ви́дите. Я вам ска́зывал, что вы отли́чнейший челове́к и жени́х хоть куда́. Но вот вы са́ми говори́те, что вы с да́мами ма́ло име́ли сноше́ний ...

Большинцо́в *(со вздо́хом)*. То́чно так-с. Я, мо́жно сказа́ть, Игна́тий Ильи́ч, сы́змала чужда́лся же́нского по́ла.

Шпиге́льский *(со вздо́хом)*. Ну, вот ви́дите. Э́то в му́же не поро́к, напро́тив; но всё-таки в ины́х слу́чаях, — наприме́р, при пе́рвом объясне́нии в любви́, — необходи́мо хоть что́-нибудь уме́ть сказа́ть ... Не пра́вда ли?

68

Большинцо́в. Я соверше́нно с ва́ми согла́сен.

Шпиге́льский. А то ведь, пожа́луй, Ве́ра Алекса́ндровна мо́жет поду́мать, что вы чу́вствуете себя́ нездоро́выми — и бо́льше ничего́. Прито́м фигу́ра ва́ша хотя́ то́же во всех отноше́ниях благови́дная, не представля́ет ничего́ тако́го, что эдак в глаза́, зна́ете ли, броса́ется, в глаза́; а ны́нче э́то тре́буется.

Большинцо́в *(со вздо́хом)*. Ны́нче э́то тре́буется.

Шпиге́льский. Деви́цам по кра́йней ме́ре э́то нра́вится. Ну, да и лета́ ва́ши наконе́ц … сло́вом, нам с ва́ми любе́зностью брать не прихо́дится. Ста́ло быть, вам не́чего ду́мать о прия́тных слове́чках. Это опо́ра плоха́я. Но у вас есть друга́я опо́ра, гора́здо бо́лее твёрдая и надёжная, а и́менно ва́ши ка́чества, почте́ннейший Афана́сий Ива́ныч, и ва́ши три́ста два́дцать душ. Я на ва́шем ме́сте про́сто сказа́л бы Ве́ре Алекса́ндровне …

Большинцо́в. Наедине́?

Шпиге́льский. О, непреме́нно наедине́! «Ве́ра Алекса́ндровна!»

По движе́ниям губ Большинцо́ва заме́тно, что он шёпотом повторя́ет ка́ждое сло́во за Шпиге́льским.

«Я вас люблю́ и прошу́ ва́шей руки́. Я челове́к до́брый, просто́й, сми́рный и не бе́дный: вы бу́дете со мно́ю соверше́нно свобо́дны; я бу́ду стара́ться вся́чески вам угожда́ть. А вы изво́льте спра́виться обо мне, изво́льте обрати́ть на меня́ немно́жко побо́льше внима́ния, чем до сих пор, — и да́йте мне отве́т, како́й уго́дно и когда́ уго́дно. Я гото́в ждать, и да́же за удово́льствие почту́».

Большинцо́в *(гро́мко произнося́ после́днее сло́во)*. Почту́. Так, так, так … я с ва́ми согла́сен. То́лько вот что, Игна́тий

Ильи́ч: вы, ка́жется, изво́лили употреби́ть сло́во: сми́р-
ный ... де́скать, сми́рный я челове́к ...

Шпиге́льский. А что ж, ра́зве вы не сми́рный челове́к?

Большинцо́в. Та-ак-с ... но всё-таки, мне ка́жется ...
Бу́дет ли оно́ прили́чно, Игна́тий Ильи́ч? Не лу́чше ли ска-
за́ть, наприме́р ...

Шпиге́льский. Наприме́р?

Большинцо́в. Наприме́р ... наприме́р ... *(Помолча́в.)*
Впро́чем, мо́жно, пожа́луй, сказа́ть и сми́рный.

Шпиге́льский. Эх, Афана́сий Ива́ныч, послу́шайтесь вы
меня́; чем про́ще вы бу́дете выража́ться, чем ме́ньше укра-
ше́ний вы подпу́стите в ва́шу речь, тем лу́чше де́ло пойдёт,
пове́рьте мне. А гла́вное, не наста́ивайте, не наста́ивайте,
Афана́сий Ива́ныч. Ве́ра Алекса́ндровна ещё о́чень молода́;
вы её запуга́ть мо́жете ... Да́йте ей вре́мя хорошо́ обду́мать
ва́ше предложе́ние. Да! ещё одно́ ... чуть бы́ло не забы́л;
вы ведь мне позво́лили вам сове́ты дава́ть ... Вам иногда́
случа́ется, любе́зный мой Афана́сий Ива́ныч, говори́ть:
крухт и фост ... Оно́, пожа́луй, отчего́ же ... мо́жно ... но,
зна́ете ли: слова́ — фрукт и хвост как-то употреби́тельнее;
бо́лее, так сказа́ть, в употребле́ние вошли́. А то ещё, по́м-
нится, вы одна́жды при мне одного́ хлебосо́льного поме́-
щика назва́ли бонжиба́ном; де́скать, «како́й он бонжиба́н!»[77]
Сло́во то́же, коне́чно, хоро́шее, но, к сожале́нию, оно́ ни-
чего́ не зна́чит. Вы зна́ете, я сам не сли́шком гора́зд насчёт
францу́зского диале́кта, а насто́лько-то смы́слю.[78] Избе-
га́йте красноре́чья, и я вам руча́юсь за успе́х. *(Огля́дываясь.)*
Да вот они́, кста́ти, все иду́т сюда́.

Большинцо́в хо́чет удали́ться.

Куда́ же вы? опя́ть за гриба́ми?

Большинцо́в улыба́ется, красне́ет и остаётся.

70

Главное дело не робеть!

Большинцо́в (торопли́во). А ведь Ве́ре Алекса́ндровне ещё ничего́ не изве́стно?

Шпиге́льский. Ещё бы!

Большинцо́в. Впро́чем, я на вас наде́юсь ...

Сморка́ется. Сле́ва вхо́дят: Ната́лья Петро́вна, Ве́ра, Беля́ев с зме́ем, Ко́ля, за ни́ми Раки́тин и Лизаве́та Богда́новна. Ната́лья Петро́вна о́чень в ду́хе.

Ната́лья Петро́вна (Большинцо́ву и Шпиге́льскому). А, здра́вствуйте, господа́; здра́вствуйте, Шпиге́льский; я вас не ожида́ла сего́дня, но я всегда́ вам ра́да. Здра́вствуйте, Афана́сий Ива́ныч.

Большинцо́в кла́няется с не́которым замеша́тельством.

Шпиге́льский (Ната́лье Петро́вне, ука́зывая на Большинцо́ва). Вот э́тот ба́рин непреме́нно жела́л привести́ меня́ сюда́ ...

Ната́лья Петро́вна (смея́сь). Я ему́ о́чень обя́зана ... Но ра́зве вас ну́жно заставля́ть к нам е́здить?

Шпиге́льский. Поми́луйте! но ... Я то́лько сего́дня по-утру́ ... Отсю́да ... Поми́луйте ...

Ната́лья Петро́вна. А запу́тался, запу́тался, господи́н диплома́т!

Шпиге́льский. Мне, Ната́лья Петро́вна, о́чень прия́тно ви́деть вас в тако́м, ско́лько я могу́ заме́тить, весёлом расположе́нии ду́ха.

Ната́лья Петро́вна. А! вы счита́ете ну́жным э́то заме́тить ... Да ра́зве со мно́ю э́то так ре́дко случа́ется?

Шпиге́льский. О, поми́луйте, нет ... но ...

Ната́лья Петро́вна. Monsieur le diplomate, вы бо́лее и бо́лее пу́таетесь.

Ко́ля (*кото́рый всё вре́мя нетерпели́во верте́лся о́коло Бе́ляева и Ве́ры*). Да что ж, maman, когда́ же мы бу́дем зме́я пуска́ть?

Ната́лья Петро́вна. Когда́ хо́чешь ... Алексе́й Никола́ич, и ты, Ве́рочка, пойдёмте на луг ... (*Обраща́ясь к остальны́м.*) Вас, господа́, я ду́маю, э́то не мо́жет сли́шком заня́ть. Лизаве́та Богда́новна, и вы, Раки́тин, поруча́ю вам до́брого на́шего Афана́сья Ива́ныча.

Раки́тин. Да отчего́, Ната́лья Петро́вна, вы ду́маете, что э́то нас не займёт?

Ната́лья Петро́вна. Вы лю́ди у́мные ... Вам э́то должно́ каза́ться ша́лостью ... Впро́чем, как хоти́те. Мы не меша́ем вам идти́ за на́ми ... (*К Беля́еву и Ве́рочке.*) Пойдёмте.

Ната́лья, Ве́ра, Беля́ев и Ко́ля ухо́дят напра́во.

Шпиге́льский (*посмотре́в с не́которым удивле́нием на Раки́тина, Большинцо́ву*). До́брый наш Афана́сий Ива́ныч, да́йте же ру́ку Лизаве́те Богда́новне.

Большинцо́в (*торопли́во*). Я с больши́м удово́льствием ... (*Берёт Лизаве́ту Богда́новну по́д руку.*)

Шпиге́льский (*Раки́тину*). А мы пойдём с ва́ми, е́сли позво́лите, Миха́йло Алекса́ндрыч. (*Берёт его́ по́д руку.*) Вишь, как они́ бегу́т по алле́е. Пойдёмте посмо́тримте, как они́ бу́дут змей пуска́ть, хотя́ мы и у́мные лю́ди ... Афана́сий Ива́ныч, не уго́дно ли вперёд идти́?

Большинцо́в (*на ходу́ Лизаве́те Богда́новне*). Сего́дня пого́да о́чень, мо́жно сказа́ть, прия́тная-с.

Лизаве́та Богда́новна (*жема́нясь*). Ах, о́чень!

Шпиге́льский (*Раки́тину*). А мне с ва́ми, Миха́йло Алекса́ндрыч, ну́жно переговори́ть ...

Раки́тин вдруг смеётся.

О чём вы?

Раки́тин. Так ... ничего́ ... Мне смешно́, что мы в ариер-
га́рд попа́ли.

Шпиге́льский. Аванга́рду, вы зна́ете, о́чень легко́ сде́-
латься ариерга́рдом ... Всё де́ло в переме́не дире́кции.

Все ухо́дят напра́во.

ДЕЙСТВИЕ ТРЕТЬЕ

Та же декорация, как в первом действии. Из дверей в залу входят
Ракитин и Шпигельский.

Шпигельский. Так как же, Михайло Александрыч, помогите мне, сделайте одолжение.

Ракитин. Да чем могу я вам помочь, Игнатий Ильич?

Шпигельский. Как чем? помилуйте. Вы, Михайло Александрыч, войдите в моё положение. Собственно я в этом
деле сторона, конечно;[79] я, можно сказать, действовал больше из желания угодить ... Уж погубит меня моё доброе
сердце!

Ракитин (смеясь). Ну, до погибели вам ещё далеко.

Шпигельский (тоже смеясь). Это ещё неизвестно,
а только моё положение действительно неловко. Я Больши-
шинцова по желанью Натальи Петровны сюда привёз, и ответ ему сообщил с её же позволенья, а теперь, с одной стороны, на меня дуются, словно я глупость сделал, а с другой,
Большинцов не даёт мне покоя. Его избегают, со мной не
говорят ...

Ракитин. И охота же вам была, Игнатий Ильич, взяться
за это дело.[80] Ведь Большинцов, между нами, ведь он просто глуп.

Шпигельский. Вот тебе на: между нами! Экую новость
вы изволили сказать! Да с каких пор одни умные люди же-
нятся? Уж коли в чём другом, в женитьбе-то не следует
дуракам хлеб отбивать.[81] Вы говорите, я за это дело

74

взя́лся … Во́все нет. Вот как оно́ состоя́лось: прия́тель про́сит меня́ замо́лвить за него́ сло́во … Что ж? мне отказа́ть ему́ бы́ло, что ли? Я челове́к до́брый: отка́зывать не уме́ю. Я исполня́ю поруче́ние прия́теля; мне отвеча́ют: «Поко́рнейше благодари́м; не изво́льте то есть бо́лее беспоко́иться …» Я понима́ю и бо́лее не беспоко́ю. Пото́м вдруг са́ми мне предлага́ют и поощря́ют меня́, так сказа́ть … Я повину́юсь; на меня́ негоду́ют. Чем же я тут винова́т?

Раки́тин. Да кто вам говори́т, что вы винова́ты … Я удивля́юсь то́лько одному́: из чего́ вы так хлопо́чете?

Шпиге́льский. Из чего́ … из чего́ … Челове́к мне поко́я не даёт.

Раки́тин. Ну, по́лноте …

Шпиге́льский. Прито́м же он мой стари́нный прия́тель.

Раки́тин (с недове́рчивой улы́бкой). Да! ну, э́то друго́е де́ло.

Шпиге́льский (то́же улыба́ясь). Впро́чем, я с ва́ми хитри́ть не хочу́ … Вас не обма́нешь. Ну, да … он мне обеща́л … у меня́ пристяжна́я на́ ноги се́ла, так вот он мне обеща́л …

Раки́тин. Другу́ю пристяжну́ю?

Шпиге́льский. Нет, призна́ться, це́лую тро́йку.

Раки́тин. Давно́ бы вы сказа́ли!

Шпиге́льский (жи́во). Но вы, пожа́луйста, не поду́майте … Я бы ни за что не согласи́лся быть в тако́м де́ле посре́дником, э́то соверше́нно проти́вно мое́й нату́ре,

Раки́тин улыба́ется.

е́сли б я не знал Большинцо́ва за честне́йшего челове́ка … Впро́чем, я и тепе́рь жела́ю то́лько одного́: пусть мне отве́тят реши́тельно — да и́ли нет?

Ракитин. Разве уж до того дело дошло?

Шпигельский. Да что вы воображаете? ... Не о женитьбе речь идёт, а о позволении ездить, посещать ...

Ракитин. Да кто ж это может запретить?

Шпигельский. Экие вы ... запретить! Конечно, для всякого другого ... но Большинцов человек робкий, невинная душа, прямо из златого века Астреи,[82] только что тряпки не сосёт ...[83] Он на себя мало надеется, его нужно несколько поощрить. Притом его намеренья — самые благородные.

Ракитин. Да и лошади хороши.

Шпигельский. И лошади хороши. (Нюхает табак и предлагает Ракитину табакерку.) Вам не угодно?

Ракитин. Нет, благодарствуйте.

Шпигельский. Так, так-то, Михайло Александрыч. Я вас, вы видите, не хочу обманывать. Да и к чему? Дело ясное, как на ладони. Человек честных правил, с состоянием, смирный ... Годится — хорошо. Не годится — ну, так и сказать.

Ракитин. Всё это прекрасно, положим; да я-то тут что? Я, право, не вижу, в чём я могу.

Шпигельский. Эх, Михайло Александрыч! Разве мы не знаем, что Наталья Петровна вас очень уважает и даже иногда слушается вас ... Право, Михайло Александрыч (сбоку обнимая его), будьте друг, замолвите словечко ...

Ракитин. И вы думаете, что хороший это муж для Верочки?

Шпигельский (принимая серьёзный вид). Я убеждён в этом. Вы не верите ... Вот вы увидите. Ведь в супружестве, вы сами знаете, главная вещь — солидный характер! А уж Большинцов на что солиднее![84] (Оглядывается.) А вот, кажется, и сама Наталья Петровна сюда идёт ... Батюшка, отец, благодетель! Две рыжих на пристяжке, гнедая в корню!⁸⁵ Похлопочите!

Ракитин *(улыбаясь)*. Ну, хорошо, хорошо …

Шпигельский. Смотрите же, я полагаюсь на вас … *(Снасается в залу.)*

Ракитин *(глядя ему вслед)*. Экой проныра этот доктор! Верочка … и Большинцов! А, впрочем, что же? Бывают свадьбы и хуже. Исполню его комиссию, а там не моё дело!

Оборачивается; из кабинета выходит Наталья Петровна и, увидя его, останавливается.

Наталья Петровна *(нерешительно)*. Это … вы … я думала, что вы в саду …

Ракитин. Вам как будто неприятно …

Наталья Петровна *(прерывая его)*. О, полноте! *(Идёт на авансцену.)* Вы здесь одни?

Ракитин. Шпигельский сейчас ушёл отсюда.

Наталья Петровна *(слегка наморщив брови)*. А! этот уездный Талейран …⁸⁶ Что он вам такое говорил? Он всё ещё тут вертится?

Ракитин. Этот уездный Талейран, как вы его называете, сегодня у вас, видно, не в милости … а, кажется, вчера …

Наталья Петровна. Он смешон; он забавен точно; но … он не в свои дела мешается … Это неприятно. Притом он, при всём своём низкопоклонстве, очень дерзок и навязчив … Он большой циник.

Ракитин *(подходя к ней)*. Вы вчера не так об нём отзывались …

Наталья Петровна. Может быть. *(Живо.)* Так что ж он вам такое говорил?

Ракитин. Он мне говорил … о Большинцове.

Наталья Петровна. А! об этом глупом человеке?

Ракитин. И об нём вы вчера иначе отзывались.

Наталья Петровна (*принуждённо улыбаясь*). Вчера — не сегодня.

Ракитин. Для всех ... но, видно, не для меня.

Наталья Петровна (*опустив глаза*). Как так?

Ракитин. Для меня сегодня то же, что вчера.

Наталья Петровна (*протянув ему руку*). Я понимаю ваш упрёк, но вы ошибаетесь. Вчера я бы не созналась в том, что я виновата перед вами ...

Ракитин хочет остановить её.

Не возражайте мне ... Я знаю, и вы знаете, что я хочу сказать ... а сегодня я сознаюсь в этом. Я сегодня многое обдумала ... Поверьте, Мишель, какие бы глупые мысли ни занимали меня, что бы я ни говорила, что бы я ни делала, я ни на кого так не полагаюсь, как на вас. (*Понизив голос.*) Я никого ... так не люблю, как я вас люблю ... Вы мне не верите?   Небольшое молчание.

Ракитин. Я верю вам ... но вы сегодня как будто печальны ... что с вами?

Наталья Петровна (*не слушает его и продолжает*). Только я убедилась в одном, Ракитин: ни в каком случае нельзя за себя отвечать, и ни за что нельзя ручаться. Мы часто своего прошедшего не понимаем ... где же нам отвечать за будущее! На будущее цепей не наложишь.

Ракитин. Это правда.

Наталья Петровна (*после долгого молчания*). Послушайте, я хочу быть с вами откровенной, может быть я немножко огорчу вас ... но я знаю: вас бы ещё более огорчила моя скрытность. Признаюсь вам, Мишель, этот моло-

78

дой студе́нт … э́тот Беля́ев произвёл на меня́ дово́льно си́льное впечатле́ние …

Раки́тин *(вполго́лоса)*. Я э́то знал.

Ната́лья Петро́вна. А! вы э́то заме́тили? Давно́ ли?

Раки́тин. Со вчера́шнего дня.

Ната́лья Петро́вна. А!

Раки́тин. Уже́ тре́тьего дня, по́мните, я говори́л вам о переме́не, происше́дшей в вас … Я тогда́ ещё не знал, чему́ приписа́ть её. Но вчера́, по́сле на́шего разгово́ра … и на э́том лугу́ … е́сли б вы могли́ себя́ ви́деть! Я не узнава́л вас; вы сло́вно друго́ю ста́ли. Вы смея́лись, вы пры́гали, вы резви́лись, как де́вочка, ва́ши глаза́ блесте́ли, ва́ши щёки разгоре́лись, и с каки́м дове́рчивым любопы́тством, с каки́м ра́достным внима́ньем вы гляде́ли на него́, как вы улыба́лись … *(Взгляну́в на неё.)* Вот да́же тепе́рь ва́ше лицо́ оживля́ется от одного́ воспомина́ния … *(Отвора́чивается.)*

Ната́лья Петро́вна. Нет, Раки́тин, ра́ди Бо́га, не отвора́чивайтесь от меня́ … Послу́шайте: к чему́ преувели́чивать? Э́тот челове́к меня́ зарази́л свое́ю мо́лодостью — и то́лько. Я сама́ никогда́ не была́ молода́, Мише́ль, с са́мого моего́ де́тства и до сих пор … Вы ведь зна́ете всю мою́ жизнь … С непривы́чки мне всё э́то в го́лову бро́силось, как вино́, но, я зна́ю, э́то так же ско́ро пройдёт, как оно́ пришло́ ско́ро … Об э́том да́же говори́ть не сто́ит. *(Помолча́в.)* То́лько вы не отвора́чивайтесь от меня́, не отнима́йте у меня́ ва́шей руки́ … Помоги́те мне …

Раки́тин *(вполго́лоса)*. Помо́чь вам … жесто́кое сло́во! *(Гро́мко.)* Вы са́ми не зна́ете, Ната́лья Петро́вна, что с ва́ми происхо́дит. Вы уве́рены, что об э́том говори́ть не сто́ит, и про́сите по́мощи … Ви́дно, вы чу́вствуете, что она́ вам нужна́!

Ната́лья Петро́вна. То есть ... да ... Я обраща́юсь к вам, как к дру́гу.

Раки́тин *(го́рько).* Да-с ... Я, Ната́лья Петро́вна, гото́в оправда́ть ва́шу дове́ренность ... но позво́льте мне немно́го собра́ться с ду́хом ...

Ната́лья Петро́вна. Собра́ться с ду́хом? Да ра́зве вам грози́т кака́я-нибудь ... неприя́тность? Ра́зве что измени́лось?

Раки́тин *(го́рько).* О нет! всё по-пре́жнему.

Ната́лья Петро́вна. Да что вы ду́маете, Мише́ль? Неуже́ли вы мо́жете предполага́ть ...

Раки́тин. Я ничего́ не предполага́ю.

Ната́лья Петро́вна. Неуже́ли ж вы до того́ меня́ презира́ете ...

Раки́тин. Переста́ньте, ра́ди Бо́га. Поговори́мте лу́чше о Большинцо́ве. До́ктор ожида́ет отве́та насчёт Ве́рочки, вы зна́ете.

Ната́лья Петро́вна *(печа́льно).* Вы на меня́ се́рдитесь.

Раки́тин. Я? О нет. Но мне жаль вас.

Ната́лья Петро́вна. Пра́во, э́то да́же доса́дно. Мише́ль, как вам не сты́дно ...

Раки́тин молчи́т. Она́ пожима́ет плеча́ми и продолжа́ет с доса́дой. Вы говори́те, до́ктор ждёт отве́та? Да кто его́ проси́л вме́шиваться ...

Раки́тин. Он уверя́л меня́, что вы са́ми ...

Ната́лья Петро́вна *(перебива́я его).* Мо́жет быть, мо́жет быть ... Хотя́ я, ка́жется, ничего́ ему́ не сказа́ла положи́тельного ... Прито́м я могу́ перемени́ть свои́ наме́ренья. Да и, наконе́ц, Бо́же мой, что за беда́! Шпиге́льский занима́ется дела́ми вся́кого ро́да, в его́ ремесле́ не всё же ему́ должно́ удава́ться.

80

Ракитин. Он только желает знать, какой ответ ...

Наталья Петровна. Какой ответ ... *(Помолчав.)* Мишель, полноте, дайте мне руку ... к чему этот равнодушный взгляд, эта холодная вежливость? ... Чем я виновата? Подумайте, разве это моя вина? Я пришла к вам в надежде услышать добрый совет, я ни одно мгновенье не колебалась, я не думала от вас скрываться, а вы ... Я вижу, напрасно я была откровенна с вами ... Вам бы и в голову не пришло ... Вы ничего не подозревали, вы меня обманули. А теперь вы Бог знает что думаете.

Ракитин. Я? помилуйте!

Наталья Петровна. Дайте же мне руку ...

Он не шевелится, она продолжает, несколько обиженная.

Вы решительно отворачиваетесь от меня? Смотрите же, тем хуже для вас. Впрочем, я не пеняю на вас ... *(Горько.)* Вы ревнуете!

Ракитин. Я не вправе ревновать, Наталья Петровна ... Помилуйте, что вы?

Наталья Петровна *(помолчав)*. Как хотите. А что касается до Большинцова, я ещё не поговорила с Верочкой.

Ракитин. Я могу вам её сейчас послать.

Наталья Петровна. Зачем же сейчас! ... Впрочем, как хотите.

Ракитин *(направляясь к двери кабинета)*. Так прикажете прислать её?

Наталья Петровна. Мишель, в последний раз ... Вы мне сейчас говорили, что вам меня жаль ... Так-то вам жаль меня! Неужели ж ...

Ракитин *(холодно)*. Прикажете?

Ната́лья Петро́вна *(с доса́дой)*. Да.

Раки́тин идёт в кабине́т. Ната́лья Петро́вна не́которое вре́мя остаётся неподви́жной, сади́тся, берёт со стола́ кни́гу, раскрыва́ет её и роня́ет на коле́на.

И э́тот! Да что ж э́то тако́е? Он ... и он! А я ещё на него́ наде́ялась. А Арка́дий? Бо́же мой! Я и не вспо́мнила о нём! *(Вы́прямясь.)* Я ви́жу, пора́ прекрати́ть всё э́то ...

Из кабине́та вхо́дит Ве́ра.

Да ... пора́.

Ве́ра *(ро́бко)*. Вы меня́ спра́шивали, Ната́лья Петро́вна?

Ната́лья Петро́вна *(бы́стро огля́дываясь)*. А! Ве́рочка! Да, я тебя́ спра́шивала.

Ве́ра *(подходя́ к ней)*. Вы здоро́вы?

Ната́лья Петро́вна. Я? Да. А что?

Ве́ра. Мне показа́лось ...

Ната́лья Петро́вна. Нет, э́то так. Мне немно́жко жа́рко ... Вот и всё. Сядь.

Ве́ра сади́тся.

Послу́шай, Ве́ра; ведь ты тепе́рь ниче́м не занята́?

Ве́ра. Нет-с.

Ната́лья Петро́вна. Я спра́шиваю э́то у тебя́ потому́, что мне ну́жно с тобо́й поговори́ть ... серьёзно поговори́ть. Вот, ви́дишь, душа́ моя́, ты до сих пор была́ ещё ребёнком; но тебе́ семна́дцать лет; ты умна́ ... Пора́ тебе́ поду́мать о свое́й бу́дущности. Ты зна́ешь, я люблю́ тебя́, как дочь; мой дом всегда́ бу́дет твои́м до́мом ... но всё-таки ты в глаза́х други́х люде́й — сирота́; ты не бога́та. Тебе́ со вре́менем мо́жет наску́чить ве́чно жить у чужи́х люде́й; послу́шай — хо́чешь ты быть хозя́йкой, по́лной хозя́йкой в своём до́ме?

Ве́ра *(ме́дленно)*. Я вас не понима́ю, Ната́лья Петро́вна.

Ната́лья Петро́вна *(помолча́в)*. У меня́ про́сят твое́й руки́.

Ве́ра с изумле́нием гляди́т на Ната́лью Петро́вну.

Ты э́того не ожида́ла; призна́юсь, мне само́й оно́ ка́жется не́сколько стра́нным. Ты ещё так молода́ ... Мне не́чего тебе́ говори́ть, что я ниско́лько не наме́рена принужда́ть тебя́ ... по-мо́ему, тебе́ ещё ра́но выходи́ть за́муж; я то́лько сочла́ до́лгом сообщи́ть тебе́ ...

Ве́ра вдруг закрыва́ет лицо́ рука́ми.

Ве́ра ... что э́то? ты пла́чешь? *(Берёт её за́ руку.)* Ты вся дрожи́шь? ... Неуже́ли ты меня́ бои́шься, Ве́ра?

Ве́ра *(глу́хо)*. Я в ва́шей вла́сти, Ната́лья Петро́вна ...

Ната́лья Петро́вна *(отнима́я Ве́ре ру́ки от лица́)*. Ве́ра, как тебе́ не сты́дно пла́кать? Как не сты́дно тебе́ говори́ть, что ты в мое́й вла́сти? За кого́ ты меня́ почита́ешь? я говорю́ с тобо́й, как с до́черью, а ты ...

Ве́ра целу́ет у ней ру́ки.

А? вы в мое́й вла́сти? Так изво́льте же сейча́с рассмея́ться ... Я вам прика́зываю ...

Ве́ра улыба́ется сквозь слёзы.

Вот так. *(Ната́лья Петро́вна обнима́ет её одно́й руко́й и притя́гивает к себе́.)* Ве́ра, дитя́ моё, будь со мно́ю, как бы ты была́ с твое́й ма́терью, и́ли нет, лу́чше вообрази́, что я твоя́ ста́ршая сестра́, и дава́й потолку́ем вдвоём обо всех э́тих чудеса́х ... Хо́чешь?

83

Вера. Я готóва-с.

Натáлья Петрóвна. Ну, слýшай же ... Пододвúнься поблúже. Вот так. Во-пéрвых: так как ты моя́ сестрá, полóжим, то мне нé для чего уверя́ть тебя́, что ты здесь у себя́, дóма: такúе глáзки вездé дóма. Стáло быть, тебé и в гóлову не должнó прийтú, что ты комý-нибудь на свéте в тя́гость и что от тебя́ хотя́т отдéлаться ... Слы́шишь? Но вот в одúн прекрáсный день твоя́ сестрá прихóдит к тебé и говорúт: вообразú себé, Вéра, за тебя́ свáтаются ... А? что ты ей на э́то отвéтишь? Что ты ещё óчень молодá, что ты и не дýмаешь о свáдьбе?

Вера. Да-с.

Натáлья Петрóвна. Да не говорú мне: да-с. Рáзве сёстрам говоря́т: да-с?

Вéра *(улыбáясь).* Ну ... да.

Натáлья Петрóвна. Твоя́ сестрá с тобóй согласúтся, женихý откáжут, и дéлу конéц. Но éсли женúх человéк хорóший, с состоя́ньем, éсли он готóв ждать, éсли он прóсит тóлько позволéнья úзредка тебя́ видéть, в надéжде со врéменем тебé понрáвиться.

Вéра. А кто э́тот женúх?

Натáлья Петрóвна. А! ты любопы́тна. Ты не догáдываешься?

Вéра. Нет.

Натáлья Петрóвна. Ты его сегóдня вúдела ...

Вéра вся крáснеет.

Он, прáвда, не óчень собóй хорóш и не óчень мóлод ... Большинцóв.

Вéра. Афанáсий Ивáныч?

Натáлья Петрóвна. Да ... Афанáсий Ивáныч.

84

Вéра (*глядит нéкоторое врéмя на Натáлью, вдруг начинáет смеяться и останáвливается*). Вы не шýтите?

Натáлья Петрóвна (*улыбáясь*). Нет ... но, я вúжу, Большинцóву бóльше нéчего здесь дéлать. Éсли бы ты заплáкала при его úмени, он бы мог ещё надéяться, но ты рассмеялась. Емý остаётся однó: отпрáвиться с Бóгом[87] восвояси.

Вéра. Извинúте меня ... но, прáво, я никáк не ожидáла ... Рáзве в его летá ещё жéнятся?

Натáлья Петрóвна. Да что ты дýмаешь? Скóлько емý лет? Емý пятúдесяти лет нéту. Он в сáмой порé.[88]

Вéра. Мóжет быть ... но у негó такóе стрáнное лицó ...

Натáлья Петрóвна. Ну, не стáнем бóльше говорúть о нём. Он ýмер, похорóнен ... Бог с ним! Впрóчем, онó понятно: дéвочке в твоú летá такóй человéк, как Большинцóв, не мóжет понрáвиться ... Вы все хотúте вúйти зáмуж по любвú, не по рассýдку, не прáвда ли?

Вéра. Да, Натáлья Петрóвна, вы ... рáзве вы тóже не по любвú вúшли за Аркáдия Сергéича?

Натáлья Петрóвна (*помолчáв*). Конéчно, по любвú. (*Помолчáв опять и стúснув рýку Вéре.*) Да, Вéра ... я тебя сейчáс назвалá дéвочкой ... но дéвочки прáвы.

Вéра опускáет глазá.

Итáк, это дéло решённое. Большинцóв в отстáвке. Признáться, мне самóй бúло бы не совсéм приятно вúдеть его пýхлое стáрое лицó рядом с твоúм свéжим лúчиком, хотя он, впрóчем, óчень хорóший человéк. Вот вúдишь ли ты тепéрь, как напрáсно ты меня боялась? Как всё скóро улáдилось! ... (*С упрёком.*) Прáво, ты обошлáсь со мной, как бу́дто я была́ твоя́ благоде́тельница! Ты зна́ешь, как я ненави́жу э́то сло́во ...

Ве́ра *(обнима́я её)*. Прости́те меня́, Ната́лья Петро́вна.

Ната́лья Петро́вна. То́-то же. То́чно ты меня́ не бои́шься?

Ве́ра. Нет. Я вас люблю́; я не бою́сь вас.

Ната́лья Петро́вна. Ну, благода́рствуй. Ста́ло быть, мы тепе́рь больши́е прия́тельницы и ничего́ друг от дру́га не скро́ем. Ну, а е́сли бы я тебя́ спроси́ла: Ве́рочка, скажи́-ка мне на́ ухо: ты не хо́чешь вы́йти за́муж за Большинцо́ва то́лько потому́, что он гора́здо ста́рше тебя́ и собо́й не краса́вец?[89]

Ве́ра. Да ра́зве э́того не дово́льно, Ната́лья Петро́вна?

Ната́лья Петро́вна. Я не спо́рю ... но друго́й причи́ны нет никако́й?

Ве́ра. Я его́ совсе́м не зна́ю ...

Ната́лья Петро́вна. Всё так; да ты на мой вопро́с не отвеча́ешь.

Ве́ра. Друго́й причи́ны не́ту.

Ната́лья Петро́вна. В са́мом де́ле? В тако́м слу́чае я бы тебе́ сове́товала ещё поду́мать. В Большинцо́ва, я зна́ю, тру́дно влюби́ться ... но он, повторя́ю тебе́, он хоро́ший челове́к. Вот е́сли бы ты кого́-нибудь друго́го полюби́ла ... ну, тогда́ друго́е де́ло. Но ведь твоё се́рдце до сих пор ещё молчи́т?

Ве́ра *(ро́бко)*. Как-с?

Ната́лья Петро́вна. Ты никого́ ещё не лю́бишь?

Ве́ра. Я вас люблю́ ... Ко́лю; я А́нну Семёновну то́же люблю́.

Ната́лья Петро́вна. Нет, я не об э́той любви́ говорю́; ты меня́ не понима́ешь ... Наприме́р — из числа́ молоды́х

86

людéй, котóрых ты моглá вúдеть здесь úли в гостя́х, неужéли ж ни одúн тебé не нрáвится?

Вéра. Нет-с ... ины́е мне нрáвятся, но ...

Натáлья Петрóвна. Напримéр, я замéтила, ты на вé-
чере у Кринúцыных три рáза танцевáла с э́тим высóким
офицéром ... как бишь егó?⁹⁰

Вéра. С офицéром?

Натáлья Петрóвна. Да, у негó ещё такúе большúе усы́.

Вéра. Ах, э́тот! ... Нет, он мне не нрáвится.

Натáлья Петрóвна. Ну, а Шалáнский?

Вéра. Шалáнский хорóший человéк; но он ... Я дýмаю,
емý не до меня́.

Натáлья Петрóвна. А что?

Вéра. Он ... он, кáжется, бóльше дýмает о Лúзе Вéльской.

Натáлья Петрóвна (взгляну́в на неё). А! ... ты э́то замéтила? ...

Молчáние.

Ну, а Ракúтин?

Вéра. Я Михáйла Алексáндровича óчень люблю́ ...

Натáлья Петрóвна. Да, как брáта. А кстáти, Беля́ев?

Вéра (покраснéв). Алексéй Николáич? Алексéй Николáич
мне нрáвится.

Натáлья Петрóвна (наблюдáя за Вéрой). Да, он хорóший человéк. Тóлько он так со всéми дичúтся ...

Вéра (невúнно). Нет-с ... Он со мной не дичúтся.

Натáлья Петрóвна. А!

Вéра. Он со мной разговáривает-с. Вам, мóжет быть, от-
тогó э́то кáжется, что он ... Он вас бойтся. Он ещё не успéл
вас узнáть.

Натáлья Петрóвна. А ты почемý знáешь, что он меня́
бойтся?

Ве́ра. Он мне ска́зывал.

Ната́лья Петро́вна. А! он тебе́ ска́зывал … Он, ста́ло быть, открове́ннее с тобо́й, чем с други́ми?

Ве́ра. Я не зна́ю, как он с други́ми, но со мной … мо́жет быть, оттого́, что мы о́ба сиро́ты. Прито́м … я в его́ глаза́х … ребёнок.

Ната́лья Петро́вна. Ты ду́маешь? Впро́чем, он мне то́же о́чень нра́вится. У него́, должно́ быть, до́брое се́рдце.

Ве́ра. Ах, предо́брое-с! Е́сли бы вы зна́ли … все в до́ме его́ лю́бят. Он тако́й ла́сковый. Со все́ми говори́т, всем помо́чь гото́в. Он тре́тьего дня ни́щую стару́ху с большо́й доро́ги на рука́х до больни́цы донёс … Он мне цвето́к одна́жды с тако́го обры́ва сорва́л, что я от стра́ху да́же глаза́ закры́ла; я так и ду́мала, что он упадёт и расшибётся … но он так ло́вок! Вы са́ми вчера́ на лугу́ могли́ ви́деть, как он ло́вок.

Ната́лья Петро́вна. Да, э́то пра́вда.

Ве́ра. По́мните, когда́ он бежа́л за зме́ем, че́рез како́й он ров перескочи́л? Да ему́ э́то всё нипочём.

Ната́лья Петро́вна. И в са́мом де́ле он для тебя́ сорва́л цвето́к с опа́сного ме́ста? Он, ви́дно, тебя́ лю́бит.

Ве́ра *(помолча́в).* И всегда́ он ве́сел … всегда́ в ду́хе …

Ната́лья Петро́вна. Э́то, одна́ко же, стра́нно. Отчего́ ж он при мне …

Ве́ра *(перебива́я её).* Да я ж вам говорю́, что он вас не зна́ет. Но посто́йте, я ему́ скажу́ … Я ему́ скажу́, что вас не́чего боя́ться — не пра́вда ли? — что вы так добры́ …

Ната́лья Петро́вна *(принуждённо смея́сь).* Спаси́бо.

Ве́ра. Вот вы уви́дите … А он меня́ слу́шается, да́ром что я моло́же его́.

Ната́лья Петро́вна. Я не зна́ла, что ты с ним в тако́й дру́жбе … Смотри́, одна́ко, Ве́ра, будь осторо́жна. Он, ко-

88

нечно, прекра́сный молодо́й челове́к ... но ты зна́ешь, в твои́
лета́ ... Оно́ не годи́тся. Мо́гут поду́мать ... Я уже́ вчера́
тебе́ э́то заме́тила — по́мнишь? — в саду́.

Ве́ра опуска́ет глаза́.

С друго́й стороны́, я не хочу́ то́же препя́тствовать твои́м на-
кло́нностям, я сли́шком уве́рена в тебе́ и в нём ... но всё-
таки ... Ты не серди́сь на меня́, душа́ моя́, за мой педан-
ти́зм ... э́то на́ше, старико́вское де́ло надоеда́ть молодёжи
наставле́ниями. Впро́чем, я всё э́то напра́сно говорю́; ведь,
не пра́вда ли, он тебе́ нра́вится — и бо́льше ничего́?

Ве́ра *(робко поднима́я глаза́)*. Он ...

На́та́лья Петро́вна. Вот ты опя́ть на меня́ по-пре́ж-
нему смо́тришь? Ра́зве так смо́трят на сестру́? Ве́ра, послу́-
шай, нагни́сь ко мне ... *(Ласка́я её.)* Что, е́сли бы сестра́,
настоя́щая твоя́ сестра́, тебя́ тепе́рь спроси́ла на́ ушко:
Ве́рочка, ты то́чно никого́ не лю́бишь? а? Что бы ты ей от-
веча́ла?

Ве́ра нереши́тельно взгля́дывает на Ната́лью Петро́вну.

Э́ти гла́зки мне что́-то хотя́т сказа́ть ...

Ве́ра вдруг прижима́ет своё лицо́ к её гру́ди. Ната́лья Петро́вна блед-
не́ет — и, помолча́в, продолжа́ет.

Ты лю́бишь? Скажи́, лю́бишь?

Ве́ра *(не поднима́я головы́)*. Ах! я не зна́ю сама́, что со
мной ...

На́та́лья Петро́вна. Бедня́жка! Ты влюбле́на ...

Ве́ра ещё бо́лее прижима́ется к гру́ди Ната́льи Петро́вны.

Ты влюбле́на ... а он? Ве́ра, он?

Ве́ра *(всё ещё не поднима́я головы́)*. Что вы у меня́ спра́-

шиваете ... Я не зна́ю ... Мо́жет быть ... Я не зна́ю, не зна́ю ...

Ната́лья Петро́вна вздра́гивает и остаётся неподви́жной. Ве́ра поднима́ет го́лову и вдруг замеча́ет переме́ну в её лице́.

Ната́лья Петро́вна, что с ва́ми?

Ната́лья Петро́вна *(приходя́ в себя́).* Со мной ... ничего́ ... Что? ... ничего́.

Ве́ра. Вы так бле́дны, Ната́лья Петро́вна ... Что с ва́ми? Позво́льте, я позвоню́ ... *(Встаёт.)*

Ната́лья Петро́вна. Нет, нет ... не звони́ ... Это ничего́ ... Это пройдёт. Вот уж оно́ и прошло́.

Ве́ра. Позво́льте мне по кра́йней ме́ре позва́ть кого́-нибудь ...

Ната́лья Петро́вна. Напро́тив ... я ... я хочу́ оста́ться одна́. Оста́вь меня́; слы́шишь? Мы ещё поговори́м. Ступа́й.

Ве́ра. Вы не се́рдитесь на меня́, Ната́лья Петро́вна?

Ната́лья Петро́вна. Я? За что? Ниско́лько. Я, напро́тив, благода́рна тебе́ за твоё дове́рие ... То́лько оста́вь меня́, пожа́луйста, тепе́рь.

Ве́ра хо́чет взять её ру́ку, но Ната́лья Петро́вна отвора́чивается, как бу́дто не замеча́я движе́ния Ве́ры.

Ве́ра *(с слеза́ми на глаза́х).* Ната́лья Петро́вна ...

Ната́лья Петро́вна. Оста́вьте меня́, прошу́ вас.

Ве́ра ме́дленно ухо́дит в кабине́т.

(Одна́, остаётся не́которое вре́мя неподви́жной.) Тепе́рь мне всё я́сно ... Эти де́ти друг дру́га лю́бят ... *(Остана́вливается и прово́дит руко́й по лицу́.)* Что ж? Тем лу́чше ... Дай Бог им сча́стья! *(Смея́сь.)* И я ... я могла́ поду́мать ...

90

(Останавливается опять.) Она скоро проболталась ... Признаюсь, я и не подозревала ... Признаюсь, эта новость меня поразила ... Но погодите, не всё ещё кончено. Боже мой ... что я говорю? что со мной? Я себя не узнаю. До чего я дошла? *(Помолчав.)* Что это я делаю? Я бедную девочку хочу замуж выдать ... за старика! ... Подсылаю доктора ... тот догадывается, намекает ... Аркадий, Ракитин ... Да я ... *(Содрогается и вдруг поднимает голову.)* Да что ж это наконец? Я к Вере ревную? Я ... я влюблена в него, что ли? *(Помолчав.)* И ты ещё сомневаешься? Ты влюблена, несчастная! Как это сделалось ... не знаю. Словно мне яду дали ... Вдруг всё разбито, рассеяно, унесено ... Он бойтся меня ... Все меня боятся. Что ему во мне? ... На что ему такое существо, как я? Он молод, и она молода. А я! *(Горько.)* Где ему меня оценить? Они оба глупы, как говорит Ракитин ... Ах! ненавижу я этого умника! А Аркадий, доверчивый, добрый мой Аркадий! Боже мой, Боже мой! пошли мне смерть! *(Встаёт.)* Однако, мне кажется, я с ума схожу. К чему преувеличивать! Ну да ... я поражена ... мне это в диковинку, это в первый раз ... я ... да! в первый раз! Я в первый раз теперь люблю! *(Она садится опять.)* Он должен уехать. Да. И Ракитин тоже. Пора мне опомниться. Я позволила себе отступить на шаг — и вот! Вот до чего я дошла. И что мне в нём понравилось? *(Задумывается.)* Так вот оно, это страшное чувство ... Аркадий! Да, я уйду в его объятия, я буду умолять его простить меня, защитить, спасти меня. Он ... и больше никого! Все другие мне чужие и должны мне остаться чужими ... Но разве ... разве нет другого средства? Эта девочка — она ребёнок. Она могла ошибиться. Это всё детство наконец ... Из чего я ... Я сама с ним объяснюсь, я спрошу у него ... *(С укоризной.)* А, а?

Ты ещё надеешься? Ты ещё хочешь надеяться? И на что я надеюсь! Боже мой, не дай мне презирать самое себя! *(Склоняет голову на руки.)*

Из кабинета входит Ракитин, бледный и встревоженный.

Ракитин *(подходя к Наталье Петровне)*. Наталья Петровна ... *(Она не шевелится. Про себя.)* Что это у ней могло быть такое с Верой? *(Громко.)* Наталья Петровна ...

Наталья Петровна *(поднимая голову)*. Кто это? А! вы.

Ракитин. Мне Вера Александровна сказала, что вы нездоровы ... я ...

Наталья Петровна *(отворачиваясь)*. Я здорова ... С чего она взяла ...[91]

Ракитин. Нет, Наталья Петровна; вы нездоровы, посмотрите на себя.

Наталья Петровна. Ну, может быть ... да вам-то что?[92] Что вам надобно? Зачем вы пришли?

Ракитин *(тронутым голосом)*. Я вам скажу, зачем я пришёл. Я пришёл просить у вас прощенья. Полчаса тому назад я был несказанно глуп и груб с вами ... Простите меня. Видите ли, Наталья Петровна, как бы скромны ни были желанья и ... и надежды человека, ему трудно не потеряться хотя на мгновенье, когда их внезапно у него вырывают; но я теперь опомнился, я понял своё положенье и свою вину и желаю только одного — вашего прощенья. *(Он тихо садится подле неё.)* Взгляните на меня ... не отворачивайтесь тоже и вы. Перед вами ваш прежний Ракитин, ваш друг, человек, который не требует ничего, кроме позволенья служить вам, как вы говорили, опорой ... Не лишайте меня вашего доверия, располагайте мной и забудьте, что я некогда ... Забудьте всё, что могло вас оскорбить ...

Ната́лья Петро́вна (*кото́рая всё вре́мя неподви́жно гляде́ла на пол*). Да, да … (*Остана́вливаясь.*) Ах, извини́те, Раки́тин, я ничего́ не слы́шала, что вы тако́е мне говори́ли.

Раки́тин (*печа́льно*). Я говори́л … я проси́л у вас проще́нья, Ната́лья Петро́вна. Я спра́шивал у вас, хоти́те ли вы позво́лить мне оста́ться ва́шим дру́гом.

Ната́лья Петро́вна (*ме́дленно повора́чиваясь к нему́ и кладя́ о́бе руки́ ему́ на плеча́*). Раки́тин, скажи́те, что со мной?

Раки́тин (*помолча́в*). Вы влюблены́.

Ната́лья Петро́вна (*ме́дленно повторя́я за ним*). Я влюблена́ … Но э́то безу́мие, Раки́тин. Э́то невозмо́жно. Ра́зве э́то мо́жет так внеза́пно … Вы говори́те, я влюблена́ … (*Умолка́ет.*)

Раки́тин. Да, вы влюблены́, бе́дная же́нщина … Не обма́нывайте себя́.

Ната́лья Петро́вна (*не гля́дя на него́*). Что ж мне остаётся тепе́рь де́лать?

Раки́тин. Я гото́в вам э́то сказа́ть, Ната́лья Петро́вна, е́сли вы мне обеща́ете …

Ната́лья Петро́вна (*перерыва́я его́ и всё не гля́дя на него́*). Вы зна́ете, что э́та де́вочка, Ве́ра, его́ лю́бит … Они́ о́ба друг в дру́га влюблены́.

Раки́тин. В тако́м слу́чае ещё одно́й причи́ной бо́льше …

Ната́лья Петро́вна (*опя́ть его́ перерыва́ет*). Я давно́ э́то подозрева́ла, но она́ сама́ сейча́с во всём созна́лась … сейча́с.

Раки́тин (*вполго́лоса, сло́вно про себя́*). Бе́дная же́нщина!

Ната́лья Петро́вна (*проводя́ руко́й по лицу́*). Ну, одна́ко … пора́ опо́мниться. Вы мне, ка́жется, хоте́ли что́-то сказа́ть … Посове́туйте мне, ра́ди Бо́га, Раки́тин, что мне де́лать …

Раки́тин. Я гото́в вам сове́товать, Ната́лья Петро́вна, то́лько под одни́м усло́вием.

Ната́лья Петро́вна. Говори́те, что тако́е?

Раки́тин. Обеща́йте мне, что вы не бу́дете подозрева́ть мои́ наме́рения. Скажи́те мне, что вы ве́рите моему́ бескоры́стному жела́нию помо́чь вам; помоги́те мне то́же и вы. Ва́ша дове́ренность даст мне си́лу, и́ли уж лу́чше позво́льте мне молча́ть.

Ната́лья Петро́вна. Говори́те, говори́те.

Раки́тин. Вы не сомнева́етесь во мне?

Ната́лья Петро́вна. Говори́те.

Раки́тин. Ну, так слу́шайте: он до́лжен уе́хать.

Ната́лья Петро́вна мо́лча гляди́т на него́.

Да, он до́лжен уе́хать. Я не ста́ну говори́ть вам о ... ва́шем му́же, о ва́шем до́лге. В мои́х уста́х э́ти слова́ ... неуме́стны... Но э́ти де́ти лю́бят друг дру́га. Вы са́ми э́то мне сейча́с сказа́ли; вообрази́те же вы себя́ тепе́рь ме́жду ни́ми ... Да вы поги́бнете!

Ната́лья Петро́вна. Он до́лжен уе́хать ... *(Помолча́в.)* А вы? вы оста́нетесь?

Раки́тин *(с смуще́нием).* Я? ... я? ... *(Помолча́в.)* И я до́лжен уе́хать. Для ва́шего поко́я, для ва́шего сча́стья, для сча́стья Ве́рочки, и он ... и я ... мы о́ба должны́ уе́хать навсегда́.

Ната́лья Петро́вна. Раки́тин ... я до того́ дошла́, что я ... я почти́ гото́ва была́ э́ту бе́дную де́вочку, сироту́, пору́ченную мне мое́ю ма́терью, — вы́дать за́муж за глу́пого, смешно́го старика́! ... У меня́ ду́ха недоста́ло, Раки́тин; слова́ у меня́ замерли́ на губа́х, когда́ она́ рассмея́лась в отве́т на моё предложе́нье ... но я сгова́ривалась с э́тим доктором, я позволяла ему значительно улыбаться; я сносила эти улыбки, его любезности, его намёки ... О, я чувствую, что я на краю пропасти, спасите меня!

Ракитин. Наталья Петровна, вы видите, что я был прав ... *(Она молчит; он поспешно продолжает.)* Он должен уехать ... мы оба должны уехать ... Другого спасенья нет.

Наталья Петровна *(уныло)*. Но для чего же жить потом?

Ракитин. Боже мой, неужели же до этого дошло ... Наталья Петровна, вы выздоровеете, поверьте мне ... Это всё пройдёт. Как для чего жить?

Наталья Петровна. Да, да, для чего жить, когда все меня оставляют?

Ракитин. Но ... ваше семейство ...

Наталья Петровна опускает глаза.

Послушайте, если вы хотите, после его отъезда я могу несколько дней ещё остаться ... для того, чтобы ...

Наталья Петровна *(мрачно)*. А! я вас понимаю. Вы рассчитываете на привычку, на прежнюю дружбу ... Вы надеетесь, что я приду в себя, что я к вам вернусь; не правда ли? Я понимаю вас.

Ракитин *(краснея)*. Наталья Петровна! Зачем вы меня оскорбляете?

Наталья Петровна *(горько)*. Я вас понимаю ... но вы обманываетесь.

Ракитин. Как? После ваших обещаний, после того как я для вас, для вас однех, для вашего счастья, для вашего положенья в свете, наконец ...

Наталья Петровна. А! давно ли вы так об нём заботитесь? Зачём же вы прежде никогда мне не говорили об этом?

Ракитин *(вставая)*. Наталья Петровна, я сегодня же, я сейчас уеду отсюда, и вы более меня никогда не увидите ... *(Хочет идти.)*

Наталья Петровна *(протягивая к нему руку)*. Мишель, простите меня; я сама не знаю, что я говорю ... Вы видите, в каком я положении. Простите меня.

Ракитин *(быстро возвращается к ней и берёт её за руки)*. Наталья Петровна ...

Наталья Петровна. Ах, Мишель, мне невыразимо тяжело ... *(Прислоняется на его плечо и прижимает платок к глазам.)* Помогите мне, я погибла без вас ...

> В это мгновенье дверь залы растворяется, входят Исла́ев и Анна Семёновна.

Исла́ев *(громко)*. Я всегда был того мнения ...

> Останавливается в изумлении при виде Ракитина и Натальи Петровны. Наталья Петровна оглядывается и быстро уходит. Ракитин остаётся на месте, чрезвычайно смущённый.

(Ракитину). Что это значит? Что за сцена?

Ракитин. Так ... ничего ... это ...

Исла́ев. Наталья Петровна нездорова, что ли?

Ракитин. Нет ... но ...

Исла́ев. И отчего она вдруг убежала? О чём вы с ней говорили? Она как будто плакала ... Ты её утешал ... Что такое?

Ракитин. Право, ничего.

Анна Семёновна. Однако как же ничего, Михайла Александрыч? *(Помолчав.)* Я пойду посмотрю ... *(Хочет идти в кабинет.)*

96

Ракитин *(останавливая её).* Нет, вы лучше оставьте её теперь в покое, прошу вас.

Ислаев. Да что всё это значит? скажи наконец!

Ракитин. Ничего, клянусь тебе ... Послушайте, я обещаю вам обоим сегодня же всё объяснить. Слово даю вам. Но теперь, пожалуйста, если вы мне доверяете, не спрашивайте у меня ничего — и Натальи Петровны не тревожьте.

Ислаев. Пожалуй ... только это удивительно. С Наташей этого прежде не бывало. Это что-то необыкновенно.

Анна Семёновна. Главное — что могло заставить Наташу плакать? И отчего она ушла! ... Разве мы чужие?

Ракитин. Что вы говорите! Как можно! Но послушайте — признаться сказать, мы не докончили нашего разговора ... Я вас должен попросить ... обоих — оставьте нас на некоторое время одних.

Ислаев. Вот как! Стало быть, между вами тайна?

Ракитин. Тайна ... но ты её узнаешь.

Ислаев *(подумавши).* Пойдёмте, маменька ... оставимте их. Пусть они докончат свою таинственную беседу.

Анна Семёновна. Но ...

Ислаев. Пойдёмте, пойдёмте. Вы слышите, он обещается всё объяснить.

Ракитин. Ты можешь быть спокоен ...

Ислаев *(холодно).* О, я совершенно спокоен! *(К Анне Семёновне.)* Пойдёмте.

Уходят оба.

Ракитин *(глядит им вслед и быстро подходит к дверям кабинета).* Наталья Петровна ... Наталья Петровна, выдьте, прошу вас.

Наталья Петровна *(выходит из кабинета. Она очень бледна).* Что они сказали?

Раки́тин. Ничего́, успоко́йтесь ... Они́ то́чно не́сколько удиви́лись. Ваш муж поду́мал, что вы нездоро́вы ... Он заме́тил ва́ше волне́ние ... Ся́дьте; вы едва́ на нога́х стои́те ...

Ната́лья Петро́вна сади́тся.

Я ему́ сказа́л ... я попроси́л его́ не беспоко́ить вас ... оста́вить нас одни́х.

Ната́лья Петро́вна. И он согласи́лся?

Раки́тин. Да. Я, призна́ться, до́лжен был ему́ обеща́ть, что за́втра всё объясню́ ... Заче́м вы ушли́?

Ната́лья Петро́вна *(го́рько)*. Заче́м! ... Но что ж вы ска́жете?

Раки́тин. Я ... я приду́маю что́-нибудь. Тепе́рь де́ло не в том ... На́добно нам воспо́льзоваться э́той отсро́чкой. Вы ви́дите, это не мо́жет так продолжа́ться ... Вы не в состоя́нье переноси́ть подо́бные трево́ги ... они́ недосто́йны вас ... я сам ... Но не об э́том речь. Бу́дьте то́лько вы твёрды, а уж я! Послу́шайте, вы ведь согла́сны со мной ...

Ната́лья Петро́вна. В чём?

Раки́тин. В необходи́мости ... на́шего отъе́зда? Согла́сны? В тако́м слу́чае ме́шкать не́чего. Е́сли вы мне позво́лите, я сейча́с сам переговорю́ с Беля́евым ... Он благоро́дный челове́к, он поймёт ...

Ната́лья Петро́вна. Вы хоти́те с ним переговори́ть? вы? Но что вы ему́ мо́жете сказа́ть?

Раки́тин *(с смуще́нием)*. Я ...

Ната́лья Петро́вна *(помолча́в)*. Раки́тин, послу́шайте, не ка́жется ли вам, что мы о́ба сло́вно сумасше́дшие? ... Я испуга́лась, перепуга́ла вас, и всё, мо́жет быть, из пустяко́в.

Раки́тин. Как?

98

Ната́лья Петро́вна. Пра́во. Что э́то мы с ва́ми? Давно́ ли, ка́жется, всё бы́ло так ти́хо, так поко́йно в э́том до́ме ... и вдруг ... отку́да что взяло́сь!⁹³ Пра́во, мы все с ума́ сошли́. По́лноте, дово́льно мы подура́чились ... Ста́немте жить по-пре́жнему ... А Арка́дию вам не́чего бу́дет объясня́ть; я сама́ ему́ расскажу́ на́ши прока́зы, и мы вдвоём над ни́ми посмеёмся. Я не нужда́юсь в посре́днике ме́жду мной и мои́м му́жем!

Раки́тин. Ната́лья Петро́вна, вы тепе́рь меня́ пуга́ете. Вы улыба́етесь и бле́дны как смерть ... Да вспо́мните хоть то, что вы мне за че́тверть часа́ говори́ли ...

Ната́лья Петро́вна. Ма́ло ли чего́ нет!⁹⁴ А впро́чем, я ви́жу, в чём де́ло ... Вы са́ми поднима́ете э́ту бу́рю ... для того́, чтобы по кра́йней ме́ре не одному́ потону́ть.

Раки́тин. Опя́ть, опя́ть подозре́ние, опя́ть упрёк, Ната́лья Петро́вна ... Бог с ва́ми ... но вы меня́ терза́ете. или вы раска́иваетесь в свое́й открове́нности?

Ната́лья Петро́вна. Я ни в чём не раска́иваюсь.

Раки́тин. Так как же мне поня́ть вас?

Ната́лья Петро́вна (*с жи́востью*). Раки́тин, е́сли вы хотя́ сло́во ска́жете от меня́ и́ли обо мне Беля́еву, я вам э́того никогда́ не прощу́.

Раки́тин. А! вот что! ... Бу́дьте поко́йны, Ната́лья Петро́вна. Я не то́лько ничего́ не скажу́ господи́ну Беля́еву, но да́же не прощу́сь с ним, уезжа́я отсю́да. Я не наме́рен навя́зываться с свои́ми услу́гами.

Ната́лья Петро́вна (*с не́которым смуще́нием*). Да вы, мо́жет быть, ду́маете, что я перемени́ла своё мне́ние насчёт ... его́ отъе́зда?

Раки́тин. Я ничего́ не ду́маю.

Ната́лья Петро́вна. Напро́тив, я так убеждена́ в не-

обходи́мости, как вы говори́те, его́ отъе́зда, что я сама́ на-
ме́рена ему́ отказа́ть. *(Помолча́в.)* Да; я сама́ ему́ откажу́.

Раки́тин. Вы?

Ната́лья Петро́вна. Да, я. И сейча́с же. Я вас прошу́
присла́ть его́ ко мне.

Раки́тин. Как? сейча́с?

Ната́лья Петро́вна. Сейча́с. Я прошу́ вас об э́том, Ра-
ки́тин. Вы ви́дите, я тепе́рь споко́йна. Прито́м мне тепе́рь
не помеша́ют. На́добно э́тим воспо́льзоваться ... Я вам
бу́ду о́чень благода́рна. Я его́ расспрошу́.

Раки́тин. Да он вам ничего́ не ска́жет, поми́луйте. Он
мне сам созна́лся, что ему́ в ва́шем прису́тствии нело́вко.

Ната́лья Петро́вна *(подозри́тельно)*. А! вы уже́ говори́-
ли с ним обо мне?

Раки́тин пожима́ет плеча́ми.

Ну, извини́те, извини́те меня́, Мише́ль, и пришли́те мне его́.
Вы уви́дите, я ему́ откажу́, и всё ко́нчится. Всё пройдёт и
позабу́дется, как дурно́й сон. Пожа́луйста, пришли́те его́
мне. Мне непреме́нно ну́жно с ним переговори́ть оконча́-
тельно. Вы бу́дете мной дово́льны. Пожа́луйста.

Раки́тин *(кото́рый всё вре́мя не своди́л с неё взо́ра,[95] хо́-
лодно и печа́льно)*. Изво́льте. Ва́ше жела́ние бу́дет испо́л-
нено. *(Идёт к дверя́м за́лы.)*

Ната́лья Петро́вна *(ему́ вслед)*. Благода́рствуйте, Ми-
ше́ль.

Раки́тин *(обора́чиваясь)*. О, не благодари́те меня́ по
кра́йней ме́ре ... *(Бы́стро ухо́дит в за́лу.)*

Ната́лья Петро́вна *(одна́, помолча́в)*. Он благоро́д-
ный челове́к ... Но неуже́ли я когда́-нибудь его́ люби́ла?
(Встаёт.) Он прав. Тот до́лжен уе́хать. Но как отказа́ть

ему! Я то́лько жела́ю знать, то́чно ли ему́ нра́вится э́та
де́вочка? Мо́жет быть, э́то всё пустяки́. Как могла́ я прийти́
в тако́е волне́ние ... к чему́ все э́ти излия́ния? Ну, тепе́рь
де́лать не́чего. Жела́ю я знать, что он мне ска́жет? Но он
до́лжен уе́хать ... Непреме́нно ... непреме́нно. Он, мо́жет
быть, не захо́чет мне отвеча́ть ... Ведь он меня́ бои́тся ...
Что ж? Тем лу́чше. Мне не́чего с ним мно́го разгова́ри-
вать ... (Прикла́дывает ру́ку ко лбу.) А у меня́ голова́ боли́т.
Не отложи́ть ли до за́втра? В са́мом де́ле. Сего́дня мне всё
ка́жется, что за мной наблюда́ют ... До чего́ я дошла́! Нет,
уж лу́чше ко́нчить ра́зом ... Ещё одно́, после́днее уси́лие,
и я свобо́дна! ... О да! я жа́жду свобо́ды и поко́я.[96]

Из за́лы вхо́дит Беля́ев.

Э́то он ...

Беля́ев (подходя́ к ней). Ната́лья Петро́вна, мне Ми-
ха́йло Алекса́ндрыч сказа́л, что вам уго́дно бы́ло меня́ ви́-
деть ...

Ната́лья Петро́вна (с не́которым уси́лием). Да, то́ч-
но ... Мне ну́жно с ва́ми ... объясни́ться.

Беля́ев. Объясни́ться?

Ната́лья Петро́вна (не гля́дя на него́). Да ... объяс-
ни́ться. (Помолча́в.) Позво́льте вам сказа́ть, Алексе́й Нико-
ла́ич, я ... я недово́льна ва́ми.

Беля́ев. Могу́ я узна́ть, кака́я причи́на?

Ната́лья Петро́вна. Вы́слушайте меня́ ... Я ... я, пра́-
во, не зна́ю, с чего́ нача́ть. Впро́чем, я должна́ предупреди́ть
вас, что моё неудово́льствие не происхо́дит от како́го-ни-
будь упуще́ния ... по ва́шей ча́сти ... Напро́тив, ва́ше обра-
ще́ние с Ко́лей мне нра́вится.

Беля́ев. Так что же э́то мо́жет быть?

Ната́лья Петро́вна *(взгляну́в на него́).* Вы напра́сно тревожитесь ... Ва́ша вина́ ещё не так велика́. Вы мо́лоды; вероя́тно, никогда́ не жи́ли в чужо́м до́ме. Вы не могли́ предви́деть ...

Беля́ев. Но, Ната́лья Петро́вна ...

Ната́лья Петро́вна. Вы жела́ете знать, в чём же де́ло наконе́ц? Я понима́ю ва́ше нетерпе́ние. Ита́к, я должна́ вам сказа́ть, что Ве́рочка ... *(взгляну́в на него́)* Ве́рочка мне во всём призна́лась.

Беля́ев *(с изумле́нием).* Ве́ра Алекса́ндровна? В чём могла́ вам призна́ться Ве́ра Алекса́ндровна? И что же я тут?[97]

Ната́лья Петро́вна. И вы то́чно не зна́ете, в чём она́ могла́ призна́ться? Вы не дога́дываетесь?

Беля́ев. Я? нисколько.

Ната́лья Петро́вна. В тако́м слу́чае извини́те меня́. Е́сли вы то́чно не дога́дываетесь — я должна́ проси́ть у вас извине́ния. Я ду́мала ... я ошиба́лась. Но, позво́льте вам заме́тить, я вам не ве́рю. Я понима́ю, что вас заставля́ет так говори́ть ... Я о́чень уважа́ю ва́шу скро́мность.

Беля́ев. Я вас реши́тельно не понима́ю, Ната́лья Петро́вна.

Ната́лья Петро́вна. В са́мом де́ле? Неуже́ли вы ду́маете меня́ уве́рить, что вы не заме́тили расположе́ния э́того ребёнка, Ве́ры, к вам?

Беля́ев. Расположе́ние Ве́ры Алекса́ндровны ко мне? Я да́же не зна́ю, что вам сказа́ть на э́то ... Поми́луйте. Ка́жется, я всегда́ был с Ве́рой Алекса́ндровной, как ...

Ната́лья Петро́вна. Как со все́ми, не пра́вда ли? *(Помолча́в немно́го.)* Как бы то ни бы́ло,[98] то́чно ли вы э́того не зна́ете, притворя́етесь ли вы, что не зна́ете, де́ло вот в чём: эта девочка вас любит. Она сама мне в этом созналась. Ну, теперь я спрашиваю вас, как честного человека, что вы намерены сделать?

Беляев *(с смущением)*. Что я намерен сделать?

Наталья Петровна *(скрестив руки)*. Да.

Беляев. Всё это так неожиданно, Наталья Петровна ...

Наталья Петровна *(помолчав)*. Алексей Николаич, я вижу ... я нехорошо взялась за это дело. Вы меня не понимаете. Вы думаете, что я сержусь на вас ... а я ... только ... немного взволнована. И это очень естественно. Успокойтесь. Сядемте. Оба садятся.

Я буду откровенна с вами, Алексей Николаич, будьте же и вы хотя несколько более доверчивы со мной. Право, вы напрасно меня чуждаетесь. Вера вас любит ... конечно, вы в этом не виноваты; я готова предположить, что вы в этом не виноваты ... Но видите ли, Алексей Николаич, она сирота, моя воспитанница: я отвечаю за неё, за её будущность, за её счастье. Она ещё молода, и, я уверена, чувство, которое вы внушили ей, может скоро исчезнуть ... в её лета любят ненадолго. Но вы понимаете, что моя обязанность была предупредить вас. Играть огнём всё-таки опасно ... и я не сомневаюсь, что вы, зная теперь её расположение к вам, перемените ваше обращение с ней, будете избегать свиданий, прогулок в саду ... Не правда ли? Я могу на вас надеяться ... С другим я бы побоялась так прямо объясниться.

Беляев. Наталья Петровна, поверьте, я умею ценить ...

Наталья Петровна. Я вам говорю, что я в вас не сомневаюсь ... притом это всё останется тайной между нами.

103

Беляев. Признаю́сь вам, Ната́лья Петро́вна, всё, что вы, мне сказа́ли, ка́жется мне до того́ стра́нным … коне́чно, я не сме́ю не ве́рить вам, но …

Ната́лья Петро́вна. Послу́шайте, Алексе́й Никола́ич. Всё, что я сказа́ла вам тепе́рь … я э́то сказа́ла в том предположе́нье, что с ва́шей стороны́ — нет ничего́ … *(перерыва́ет самоё себя́)* потому́ что в проти́вном слу́чае … коне́чно, я вас ещё ма́ло зна́ю, но я насто́лько уже́ зна́ю вас, что не ви́жу причи́ны проти́виться ва́шим наме́рениям. Вы не бога́ты … но вы мо́лоды, у вас есть бу́дущность, и когда́ два челове́ка друг дру́га лю́бят … Я, повторя́ю вам, я сочла́ свое́й обя́занностью предупреди́ть вас, как че́стного челове́ка, насчёт после́дствий ва́шего знако́мства с Ве́рой, но е́сли вы …

Беля́ев *(с недоуме́нием).* Я, пра́во, не зна́ю, Ната́лья Петро́вна, что вы хоти́те сказа́ть …

Ната́лья Петро́вна *(поспе́шно).* О, пове́рьте, я не тре́бую от вас призна́ния, я и без того́ … я из ва́шего поведе́ния пойму́, в чём де́ло … *(Взгляну́в на него́.)* Впро́чем, я должна́ вам сказа́ть, что Ве́ре показа́лось, что и вы к ней не совсе́м равноду́шны.

Беля́ев *(помолча́в, встаёт).* Ната́лья Петро́вна, я ви́жу: мне нельзя́ оста́ться у вас в до́ме.

Ната́лья Петро́вна *(вспы́хнув).* Вы бы, ка́жется, могли́ подожда́ть, что́бы я вам сама́ отказа́ла … *(Встаёт.)*

Беля́ев. Вы бы́ли со мной открове́нны … Позво́льте же и мне быть открове́нным с ва́ми. Я не люблю́ Ве́ру Алекса́ндровну; по кра́йней ме́ре я не люблю́ её так, как вы предполага́ете.

Ната́лья Петро́вна. Да ра́зве я … *(Остана́вливается.)*

Беля́ев. И, е́сли я понра́вился Ве́ре Алекса́ндровне, е́сли

104

ей показа́лось, что и я, как вы говори́те, к ней неравноду́-
шен, я не хочу́ её обма́нывать; я ей само́й всё скажу́, всю
пра́вду. Но по́сле подо́бного объясне́нья, вы поймёте са́ми,
Ната́лья Петро́вна, мне бу́дет тру́дно здесь оста́ться: моё
положе́ние бы́ло бы сли́шком нело́вко. Я не ста́ну вам го-
вори́ть, как мне тяжело́ оста́вить ваш дом ... мне друго́го
де́лать не́чего. Я всегда́ с благода́рностью бу́ду вспомина́ть
об вас ... Позво́льте мне удали́ться ... Я ещё бу́ду име́ть
честь прости́ться с ва́ми.

Ната́лья Петро́вна (*с притво́рным равноду́шием*). Как
хоти́те ... но я, признаю́сь, э́того не ожида́ла ... Я совсе́м
не для того́ хоте́ла с ва́ми объясни́ться ... Я то́лько хоте́ла
предупреди́ть вас ... Ве́ра ещё дитя́ ... Я, мо́жет быть, при-
дала́ всему́ э́тому сли́шком мно́го значе́нья. Я не ви́жу не-
обходи́мости ва́шего отъе́зда. Впро́чем, как хоти́те.

Беля́ев. Ната́лья Петро́вна ... мне, пра́во, невозмо́жно
бо́лее оста́ться здесь.

Ната́лья Петро́вна. Вам, ви́дно, о́чень легко́ расста́ться
с на́ми!

Беля́ев. Нет, Ната́лья Петро́вна, не легко́.

Ната́лья Петро́вна. Я не привы́кла уде́рживать люде́й
про́тив их во́ли ... но, признаю́сь, э́то мне о́чень неприя́тно.

Беля́ев (*по́сле не́которой нереши́мости*). Ната́лья Пет-
ро́вна ... я не жела́л бы причини́ть вам мале́йшую неприя́т-
ность ... Я остаю́сь.

Ната́лья Петро́вна (*подозри́тельно*). А! ... (*Помол-
ча́в.*) Я не ожида́ла, что вы так ско́ро переме́ните ва́ше ре-
ше́ние ... Я вам благода́рна, но ... Позво́льте мне поду́мать.
Мо́жет быть, вы пра́вы; мо́жет быть, вам то́чно на́добно
уе́хать. Я поду́маю, я вам дам знать ... Вы позво́лите мне
до сего́дняшнего ве́чера оста́вить вас в неизве́стности?

Беля́ев. Я гото́в ждать, ско́лько вам уго́дно. *(Кла́няется и хо́чет уйти́.)*

Ната́лья Петро́вна. Вы мне обеща́ете ...

Беля́ев *(остана́вливаясь).* Что-с?

Ната́лья Петро́вна. Вы, ка́жется, хоте́ли объясни́ться с Ве́рой ... Я не зна́ю, бу́дет ли э́то прили́чно. Впро́чем, я вам дам знать моё реше́ние. Я начина́ю ду́мать, что вам то́чно на́добно уе́хать. До свида́ния.

Беля́ев втори́чно кла́няется и ухо́дит в за́лу. Ната́лья Петро́вна гляди́т ему́ вслед.

Я споко́йна! Он её не лю́бит ... *(Проха́живается по ко́мнате.)* Ита́к, вме́сто того́ чтобы отказа́ть ему́, я сама́ его́ удержа́ла? Он остаётся ... Но что я скажу́ Раки́тину? Что я сде́лала? *(Помолча́в.)* И како́е име́ла я пра́во разгласи́ть любо́вь э́той бе́дной де́вочки? ... Как? Я сама́ вы́манила у ней призна́ние ... полупризна́ние, и пото́м я же сама́ так безжа́лостно, так гру́бо ... *(Закрыва́ет лицо́ рука́ми.)* Мо́жет быть, он начина́л ее люби́ть ... С како́го пра́ва я растопта́ла э́тот цвето́к в заро́дыше ... Да и по́лно, растопта́ла ли я его́? Мо́жет быть, он обману́л меня́ ... Хоте́ла же я его́ обману́ть! ... О нет! Он для э́того сли́шком благоро́ден ... Он не то что я! И из чего́ я так торопи́лась? сейча́с всё разболта́ла? *(Вздохну́в.)* Ма́ло чего́ нет? Е́сли бы я могла́ предви́деть ... Как я хитри́ла, как я лга́ла пе́ред ним ... а он! Как он сме́ло и свобо́дно говори́л ... Я склоня́лась пе́ред ним ... Э́то челове́к! Я его́ ещё не зна́ла ... Он до́лжен уе́хать. Е́сли он оста́нется ... Я чу́вствую, я дойду́ до того́, что я потеря́ю вся́кое уваже́ние к само́й себе́ ... Он до́лжен уе́хать, и́ли я поги́бла! Я ему́ напишу́, пока́ он ещё не успе́л увида́ться с Ве́рой ... Он до́лжен уе́хать! *(Бы́стро ухо́дит в кабине́т.)*

106

ДЕЙСТВИЕ ЧЕТВЁРТОЕ

Театр представляет большие пустые сени. Стены голые, пол неровный, каменный; шесть кирпичных выбеленных и облупленных колонн, по три с каждого бока, поддерживают потолок. Налево два открытых окна и дверь в сад. Направо дверь в коридор, ведущий к главному дому; прямо железная дверь в кладовую. Возле первой колонны направо садовая зелёная скамья; в одном углу несколько лопат, леек и горшков. Вечер. Красные лучи солнца падают сквозь окна на пол.

Катя (*входит из двери направо, проворно идёт к окну и глядит некоторое время в сад*). Нет, не видать.[99] А мне сказали, что он пошёл в оранжерею. Знать, ещё не вышел оттуда. Что ж, подожду, пока мимо пойдёт. Ему другой дороги нету ... (*Вздыхает и прислоняется к окну.*) Он, говорят, уезжает. (*Вздыхает опять.*) Как же это мы без него будем ... Бедная барышня! Как она меня просила ... Что ж, отчего не услужить? Пусть поговорит с ней напоследях. Экая теплынь сегодня! А, кажись, дождик накрапывает ... (*Опять взглядывает из окна и вдруг подаётся назад.*) Да уж они не сюда ли? ... Точно сюда. Ах, батюшки ...

Хочет убежать, но не успевает ещё дойти до двери коридира, как уже из саду входит Шпигельский с Лизаветой Богдановной. Катя прячется за колонну.

Шпигельский (*отряхивая шляпу*). Мы можем здесь дождик переждать. Он скоро пройдёт.

Лизавета Богдановна. Пожалуй.

Шпигельский (*оглядываясь*). Что это за строение? Кладовая, что ли?

107

Лизавéта Богдáновна *(указывая на желéзную дверь)*. Нет, кладовáя вот где. Эти сéни, говоря́т, Аркáдия Сергéича бáтюшка пристрóил, когдá из чужи́х краёв верну́лся.

Шпигéльский. А! я ви́жу, в чём дéло: Венéция, су́дарь ты мой. *(Садится на скамью́.)* Прися́демте.

Лизавéта Богдáновна сади́тся.

А призна́йтесь, Лизавéта Богдáновна, дóждик э́тот некстáти пошёл. Он перервáл нáши объяснéнья на сáмом чувстви́тельном мéсте.

Лизавéта Богдáновна *(опусти́в глазá)*. Игнáтий Ильи́ч ...

Шпигéльский. Но никтó нам не мешáет возобнови́ть наш разговóр ... Кстáти, вы говори́те, Áнна Семёновна не в ду́хе сегóдня?

Лизавéта Богдáновна. Да, не в ду́хе. Онá дáже обéдала у себя́ в кóмнате.

Шпигéльский. Вот как! Экое несчáстье, поду́маешь!

Лизавéта Богдáновна. Она сегóдня поутру́ застáла Натáлью Петрóвну в слезáх ... с Михáйлом Алексáндрычем ... Он, конéчно, свой человéк,[100] но всё-таки ... Впрóчем, Михáйло Алексáндрыч обещáлся всё объясни́ть.

Шпигéльский. А! Ну, напрáсно ж онá тревóжится. Михáйло Алексáндрыч, по моему́ мнéнию, никогдá не был человéком опáсным, а уж тепéрь-то мéнее, чем когдá-нибудь.

Лизавéта Богдáновна. А что?

Шпигéльский. Да так. Бóльно умнó говори́т. У когó сы́пью, а у э́тих у́мников всё язычкóм выхóдит, болтовнёй.[101] Вы, Лизавéта Богдáновна, и вперёд не бóйтесь болтунóв: они́ не опáсны, а вот те, что бóльше молчáт, да с при́дурью, да темперáменту мóго, да заты́лок ширóк, те вот опáсны.

Лизаве́та Богда́новна *(помолча́в)*. Скажи́те, Ната́лья Петро́вна то́чно нездоро́ва?

Шпиге́льский. Так же нездоро́ва, как мы с ва́ми.

Лизаве́та Богда́новна. Она́ за обе́дом ничего́ не ку́шала.

Шпиге́льский. Не одна́ боле́знь отнима́ет аппети́т.

Лизаве́та Богда́новна. Вы у Большинцо́ва обе́дали?

Шпиге́льский. Да, у него́ ... Я к нему́ съе́здил. И для вас то́лько верну́лся, ей-Бо́гу.

Лизаве́та Богда́новна. Ну, по́лноте. А зна́ете ли что, Игна́тий Ильи́ч? Ната́лья Петро́вна за что́-то на вас се́рдится... Она́ за столо́м не совсе́м вы́годно об вас отозва́лась.

Шпиге́льский. В са́мом де́ле? Ви́дно, ба́рыням не по нутру́, ко́ли у на́шего бра́та глаза́ зря́чие. Де́лай по-и́хнему, помога́й им — да и притворя́йся ещё, что не понима́ешь их. Вишь, каки́е! Ну, одна́ко, посмо́трим. И Раки́тин, чай, нос на кви́нту пове́сил?

Лизаве́та Богда́новна. Да, он сего́дня то́же как бу́дто не в свое́й таре́лке ...

Шпиге́льский. Гм. А Ве́ра Алекса́ндровна? Беля́ев?

Лизаве́та Богда́новна. Все, таки́ реши́тельно все не в ду́хе. Я, пра́во не могу́ приду́мать, что с ни́ми сего́дня со все́ми?

Шпиге́льский. Мно́го бу́дете знать, до вре́мени состаре́етесь,[102] Лизаве́та Богда́новна ... Ну, впро́чем, Бог с ни́ми. Поговори́мте лу́чше об на́шем де́ле. До́ждик-то, вишь, всё ещё не переста́л ... Хоти́те?

Лизаве́та Богда́новна *(жема́нно опусти́в глаза́)*. Что вы у меня́ спра́шиваете, Игна́тий Ильи́ч?

Шпиге́льский. Эх, Лизаве́та Богда́новна, позво́льте вам заме́тить: что вам за охо́та жема́ниться, глаза́ вдруг э́дак опуска́ть? Мы ведь с ва́ми лю́ди не молоды́е! Эти церемо́-

109

нии, нежности, вздохи — это всё к нам нейдёт.[103] Будемте говорить спокойно, дельно, как оно и прилично людям наших лет. Итак, вот в чём вопрос: мы друг другу нравимся ... по крайней мере я предполагаю, что я вам нравлюсь.

Лизавета Богдановна *(слегка жеманясь)*. Игнатий Ильич, право ...

Шпигельский. Ну да, да, хорошо. Вам, как женщине, оно даже и следует ... эдак того ... *(показывает рукой)* пофинтить то есть. Стало быть, мы друг другу нравимся. И в других отношениях мы тоже под пару. Я, конечно, про себя должен сказать, что я человек рода не высокого: ну да ведь и вы не знатного происхождения. Я человек небогатый; в противном случае я бы ведь и того-с ... *(Усмехается.)* Но практика у меня порядочная, больные мои не все мрут; у вас, по вашим словам, пятнадцать тысяч наличных денег; это всё, изволите видеть, недурно. Притом же вам, я воображаю, надоело вечно жить в гувернантках, ну да и с старухой возиться, вистовать ей в преферанс и поддакивать — тоже, должно быть, не весело. С моей стороны, мне не то чтобы наскучила холостая жизнь, а старёюсь я, ну да и кухарки меня грабят; стало быть, оно всё, знаете ли, приходится под лад. Но вот в чём затруднение, Лизавета Богдановна: мы ведь друг друга вовсе не знаем, то есть, по правде сказать, вы меня не знаете ... Я-то вас знаю. Мне ваш характер известен. Не скажу, чтобы за вами не водилось недостатков. Вы, в девицах будучи, маленько окисли, да ведь это не беда. У хорошего мужа жена что мягкий воск. Но я желаю, чтобы и вы меня знали перед свадьбой; а то вы, пожалуй, потом на меня пенять станете ... Я вас обманывать не хочу.

Лизавета Богдановна *(с достоинством)*. Но, Игнатий

110

Иьли́ч, мне ка́жется, я то́же име́ла слу́чай узна́ть ваш хара́ктер ...

Шпиге́льский. Вы? Э, по́лноте ... Э́то не же́нское де́ло. Ведь вы, наприме́р, чай, ду́маете, что я челове́к весёлого нра́ва — заба́вник, а?

Лизаве́та Богда́новна. Мне всегда́ каза́лось, что вы о́чень любе́зный челове́к ...

Шпиге́льский. То́-то вот и есть.[104] Ви́дите, как легко́ мо́жно ошиби́ться. Оттого́, что я пе́ред чужи́ми дура́чусь, анекдо́тцы им расска́зываю, прислу́живаю им, вы уж и поду́мали, что я в са́мом де́ле весёлый челове́к. Е́сли б я в них не нужда́лся, в э́тих чужи́х-то, да я бы и не посмотре́л на них ... Я и то, где то́лько мо́жно, без большо́й опа́сности, зна́ете, их же сами́х на́ смех поднима́ю ... Я, впро́чем, не обма́нываю себя; я зна́ю, ины́е господа́, кото́рым и ну́жен-то я на ка́ждом шагу́, и ску́чно-то без меня́, почита́ют себя́ впра́ве меня́ презира́ть; да ведь и я у них не в долгу́. Вот хоть бы Ната́лья Петро́вна ... Вы ду́маете, я не ви́жу её насквозь? (Передра́знивая её.) «Любе́зный до́ктор, я вас, пра́во, о́чень люблю́ ... у вас тако́й злой язы́к ...»[105] — хе-хе, ворку́й, голубу́шка, ворку́й. Ух, э́ти мне ба́рыни! И улыба́ются-то они́ вам и гла́зки э́дак щу́рят, а на лице́ напи́сана га́дливость ... Бре́згают они́ на́ми, что ты бу́дешь де́лать! Я понима́ю, почему́ она́ сего́дня ду́рно обо мне отзыва́ется. Пра́во, э́ти ба́рыни удиви́тельный наро́д! Оттого́ что они́ ка́ждый день одеколо́ном мо́ются да говоря́т э́дак небре́жно, сло́вно роня́ют слова́ — подбира́й, мол, ты! — уж они́ и вообража́ют, что их за хвост пойма́ть нельзя́. Да, как бы не так! Таки́е же сме́ртные, как и все мы, гре́шные!

Лизаве́та Богда́новна. Игна́тий Ильи́ч ... Вы меня́ удивля́ете.

Шпиге́льский. Я знал, что я вас удивлю́. Вы, ста́ло быть, ви́дите, что я челове́к не весёлый во́все, мо́жет быть, да́же и не сли́шком до́брый … Но я то́же не хочу́ прослы́ть пе́ред ва́ми тем, чем я никогда́ не был. Как я ни лома́юсь пе́ред господа́ми, шуто́м меня́ никто́ не вида́л, по но́су меня́ ещё никто́ не щёлкнул. Они́ меня́ да́же, могу́ сказа́ть, поба́иваются; они́ зна́ют, что я куса́юсь. Одна́жды, го́да три тому́ наза́д, оди́н господи́н, чернозёмный тако́й,[106] сду́ру за столо́м взял да мне в во́лосы ре́дьку воткну́л.[107] Что́ вы ду́маете? Я его́ в ту же мину́ту и не горяча́сь, зна́ете, са́мым ве́жливым о́бразом вы́звал на дуэ́ль. Чернозёмного от испу́га чуть парали́ч не хвати́л; хозя́ин извини́ться его́ заста́вил — эффе́кт вы́шел необыкнове́нный! … Я, призна́ться сказа́ть, наперёд знал, что он дра́ться не ста́нет. Вот, ви́дите ли, Лизаве́та Богда́новна, самолю́бия у меня́ тьма; да жизнь уж така́я вы́шла. Тала́нты то́же не больши́е … учи́лся я кой-как. До́ктор я плохо́й, пе́ред ва́ми мне не́чего скрыва́ться, и е́сли вы когда́ у меня́ занемо́жете, не я вас лечи́ть ста́ну. Кабы́ тала́нты да воспита́ние, я бы в столи́цу махну́л. Ну, для зде́шних обыва́телей, коне́чно, лу́чшего до́ктора и не на́до. Что же каса́ется со́бственно моего́ нра́ва, то я до́лжен предуведоми́ть вас, Лизаве́та Богда́новна: до́ма я угрю́м, молчали́в, взыска́телен; не сержу́сь, когда́ мне угожда́ют и услу́живают; люблю́, чтобы замеча́ли мои́ привы́чки и вку́сно меня́ корми́ли; а впро́чем, я не ревни́в и не скуп, и в моём отсу́тствии вы мо́жете де́лать всё, что вам уго́дно. Об романти́ческой э́дакой любви́ ме́жду на́ми, вы понима́ете, и говори́ть не́чего; а впро́чем, я вообража́ю, что со мной ещё мо́жно жить под одно́й кры́шей … Лишь бы мне угожда́ли да не пла́кали при мне, э́того я терпе́ть не могу́! А я не приди́рчив. Вот вам моя́ и́споведь. Ну-с, что вы тепе́рь ска́жете?

112

Лизаве́та Богда́новна. Что мне вам сказа́ть, Игна́тий Ильи́ч ... Е́сли вы не очерни́ли себя́ с наме́рением ...

Шпиге́льский. Да чем же я себя́ очерни́л? Вы не забу́дьте того́, что друго́й бы на моём ме́сте преспоко́йно промолча́л бы о свои́х недоста́тках, бла́го вы ничего́ не заме́тили, а по́сле сва́дьбы, шали́шь, по́сле сва́дьбы по́здно. Но я для э́того сли́шком горд.

Лизаве́та Богда́новна взгля́дывает на него́.

Да, да, горд ... как вы ни изво́лите гляде́ть на меня́. Я пе́ред мое́й бу́дущей жено́й притворя́ться и лгать не наме́рен, не то́лько из пятна́дцати, изо ста ты́сяч; а чужо́му я из-за ку́ля муки́ низёхонько поклоню́сь. Тако́в уж мой нрав ... Чужо́му-то я зу́бы ска́лю, а вну́тренно ду́маю: э́кой ты болва́н, бра́тец, на каку́ю у́дочку идёшь; а с ва́ми я говорю́, что ду́маю. То есть, позво́льте, и вам я не всё говорю́, что ду́маю; по кра́йней ме́ре я вас не обма́нываю. Я до́лжен вам больши́м чудако́м каза́ться, то́чно, да вот постойте, я вам когда́-нибудь расскажу́ мою́ жизнь: вы удиви́тесь, как я ещё насто́лько уцеле́л. Вы то́же, чай, в де́тстве не на зо́лоте е́сли, а всё-таки вы, голубу́шка, не мо́жете себе́ предста́вить, что тако́е настоя́щая, заматере́лая бе́дность ... Впро́чем, э́то я вам всё когда́-нибудь в друго́е вре́мя расскажу́. А тепе́рь вот вы лу́чше обду́майте, что я вам име́л честь доложи́ть ... Обсуди́те хороше́нько, наедине́ э́то де́льце, да и сообщи́те мне ва́ше реше́ние. Вы, ско́лько я мог заме́тить, же́нщина благоразу́мная. Вы ... Кста́ти, ско́лько вам лет?

Лизаве́та Богда́новна. Мне ... Мне ... три́дцать лет.

Шпиге́льский (споко́йно). А вот и непра́вда: вам це́лых со́рок.

Лизавета Богдановна *(вспыхнув)*. Совсем не сорок, а тридцать шесть.

Шпигельский. Всё же не тридцать. Вот и от этого вам, Лизавета Богдановна, надобно отвыкнуть ... тем более что замужняя женщина в тридцать шесть лет вовсе не стара. Табак тоже вы напрасно нюхаете. *(Вставая.)* А дождик, кажется, перестал.

Лизавета Богдановна *(тоже вставая)*. Да, перестал.

Шпигельский. Итак, вы мне на днях дадите ответ?

Лизавета Богдановна. Я вам завтра же скажу моё решение.

Шпигельский. Вот люблю! ... Вот что умно так умно! Ай да Лизавета Богдановна! Ну, дайте ж мне вашу руку. Пойдёмте домой.

Лизавета Богдановна *(отдавая ему свою руку)*. Пойдёмте.

Шпигельский. А кстати: я не поцеловал её у вас ... а оно, кажется, требуется ... Ну, на этот раз куда ни шло![108] *(Целует её руку.)*

Лизавета Богдановна краснеет.

Вот так. *(Направляется к двери сада.)*

Лизавета Богдановна *(останавливаясь)*. Так вы думаете, Игнатий Ильич, что Михайло Александрыч точно не опасный человек?

Шпигельский. Я думаю.

Лизавета Богдановна. Знаете ли что, Игнатий Ильич? мне кажется, Наталья Петровна с некоторых пор ... мне кажется, что господин Беляев ... Она обращает на него внимание ... а? Да и Верочка, как вы думаете? Уж не от этого ли сегодня ...

114

Шпигéльский *(перебивáя её)*. Я забы́л вам ещё однó сказáть, Лизавéта Богдáновна. Я сам ужáсно любопы́тен, а любопы́тных жéнщин терпéть не могу́. То есть я объясня́юсь: по-мóему, женá должнá быть любопы́тна и наблюдáтельна (э́то дáже óчень полéзно для её мýжа) тóлько с други́ми ... Вы понимáете меня́: с други́ми. Впрóчем, éсли вам непремéнно хóчется знать моё мнéние насчёт Натáльи Петрóвны, Вéры Алексáндровны, господи́на Беля́ева и вообщé здéшних жи́телей, слýшайте же, я вам спою́ пéсенку. У меня́ гóлос пресквéрный, да вы не взы́щите.

Лизавéта Богдáновна *(с удивлéнием)*. Пéсенку!

Шпигéльский. Слýшайте! Пéрвый куплéт:

> Жил-был у бáбушки сéренький кóзлик,[109]
> Жил-был у бáбушки сéренький кóзлик,
>   Фить как! вот как! сéренький кóзлик!
>   Фить как! вот как! сéренький кóзлик!

Вторóй куплéт:

> Вздýмалось кóзлику в лес погуля́ти,
> Вздýмалось кóзлику в лес погуля́ти,
>   Фить как! вот как! в лес погуля́ти!
>   Фить как! вот как! в лес погуля́ти!

Лизавéта Богданóвна. Но я, прáво, не понимáю ...

Шпигéльский. Слýшайте же! Трéтий куплéт:

> Сéрые вó-лки кóзлика съéли,
> Сéрые вó-лки кóзлика съéли *(подпры́гивая)*.
>   Фить как! вот как! кóзлика съéли!
>   Фить как! вот как! кóзлика съéли!

А тепéрь пойдёмте. Мне же, кстáти, нýжно с Натáльей Петро́вной потолкова́ть. Аво́сь не уку́сит. Е́сли я не ошиба́юсь, я ей ещё ну́жен. Пойдёмте.

Ухо́дят в сад.

Ка́тя *(осторо́жно выходя́ из-за коло́нны).* Наси́лу-то ушли́! Э́кой э́тот ле́карь злю́щий … говори́л, говори́л, что́ говори́л! А уж поёт-то как? Бою́сь я, как бы тем вре́менем Алексе́й Никола́ич домо́й не верну́лся … И ну́жно ж им бы́ло и́менно сюда́ прийти́! *(Подхо́дит к окну́.)* А Лизаве́та Богда́новна? ле́каршей бу́дет … *(Смеётся.)* Вишь, кака́я … Ну, да я ей не зави́дую … *(Выгля́дывает из окна́.)* Как трава́ сла́вно обмы́лась … как хорошо́ па́хнет … Это от черёмухи так па́хнет … А, да вот он идёт. *(Подожда́в.)* Алексе́й Никола́ич! … Алексе́й Никола́ич …

Го́лос Беля́ева *(за кули́сами).* Кто меня́ зовёт? А, э́то ты, Ка́тя? *(Подхо́дит к окну́.)* Что тебе́ на́добно?

Ка́тя. Войди́те сюда́ … мне вам ну́жно что-то сказа́ть.

Беля́ев. А! изво́ль. *(Отхо́дит от окна́ и че́рез мину́ту вхо́дит в две́ри.)* Вот я.

Ка́тя. Вас до́ждик не замочи́л?

Беля́ев. Нет … я в тепли́це сиде́л с Пота́пом … что, он тебе́ дя́дей, что ли, прихо́дится?

Ка́тя. Да-с. Они́ мне дя́денька.[110]

Беля́ев. Кака́я ты сего́дня хоро́шенькая!

Ка́тя улыба́ется и опуска́ет глаза́. Он достаёт из карма́на пе́рсик.

Хо́чешь?

Ка́тя *(отка́зываясь).* Поко́рно благодарю́ … поку́шайте са́ми.

Беля́ев. А я ра́зве отказа́лся, когда́ ты мне вчера́ мали́ны поднесла́? Возьми́ … я для тебя́ его́ сорва́л … пра́во.

116

Ка́тя. Ну, благода́рствуйте. *(Берёт пе́рсик.)*

Беля́ев. То́-то же. Так что ж ты мне сказа́ть хоте́ла?

Ка́тя. Ба́рышня... Ве́ра Алекса́ндровна попроси́ла меня́... Оне жела́ют вас ви́деть.

Беля́ев. А! Ну я сейча́с к ней пойду́.

Ка́тя. Нет-с... оне́ са́ми сюда́ бу́дут. Им ну́жно с ва́ми переговори́ть.

Беля́ев *(с не́которым изумле́нием).* Она́ хо́чет сюда́ прийти́?

Ка́тя. Да-с. Здесь, зна́ете ли... Сюда́ никто́ не захо́дит. Здесь не мо́гут помеша́ть... *(Вздыха́ет.)* Она́ вас о́чень лю́бит, Алексе́й Никола́ич... Она́ така́я до́брая. Я схожу́ тепе́рь за ней, хоти́те? А вы подождёте?

Беля́ев. Коне́чно, коне́чно.

Ка́тя. Сейча́с... *(Идёт и остана́вливается.)* Алексе́й Никола́ич, пра́вда ли, говоря́т, вы от нас уезжа́ете?

Беля́ев. Я? нет... Кто тебе́ сказа́л?

Ка́тя. Так вы не уезжа́ете? Ну, и сла́ва Бо́гу! *(С смуще́нием.)* Мы сейча́с вернёмся. *(Ухо́дит в дверь, веду́щую в дом.)*

Беля́ев *(остаётся на не́которое вре́мя неподви́жным).* Это чудеса́! чудеса́ со мной происхо́дят. Признаю́сь, я всего́ этого ника́к не ожида́л... Ве́ра меня́ лю́бит... Ната́лья Петро́вна это зна́ет... Ве́ра сама́ ей во всём созна́лась... чудеса́! Ве́ра — тако́й ми́лый, до́брый ребёнок; но... что зна́чит, наприме́р, эта запи́ска? *(Достаёт из карма́на небольшо́й лоску́ток бума́ги.)* От Ната́льи Петро́вны... карандашо́м. «Не уезжа́йте, не реша́йтесь ни на что, пока́ я с ва́ми не переговори́ла». О чём она́ хо́чет говори́ть со мной? *(Помолча́в.)* Каки́е глу́пые мы́сли мне прихо́дят в го́лову! Признаю́сь, всё это меня́ чрезвыча́йно смуща́ет.

Если бы кто-нибудь мне месяц тому назад сказал, что я ... я ... Я никак не могу прийти в себя после этого разговора с Натальей Петровной. Отчего у меня сердце так бьётся? И теперь Вера вот хочет меня видеть ... Что я ей скажу! По крайней мере я узнаю, в чём дело ... Может быть, Наталья Петровна на меня сердится ... Да за что же? *(Рассматривает опять записку.)* Это всё странно, очень странно.

Дверь тихонько растворяется. Он быстро прячет записку. На пороге показываются Вера и Катя. Он подходит к ним. Вера очень бледна, не поднимает глаз и не трогается с места.

Катя. Не бойтесь, барышня, подойдите к нему; я буду настороже ... Не бойтесь. *(Беляеву.)* Ах, Алексей Николаич! *(Она закрывает окна, уходит в сад и запирает за собою дверь.)*

Беляев. Вера Александровна ... вы хотели меня видеть. Подойдите сюда, сядьте вот здесь. *(Берёт её за руку и ведёт к скамье.)*

Вера садится.

Вот так. *(С удивлением глядя на неё.)* Вы плакали?

Вера *(не поднимая глаз)*. Это ничего ... Я пришла просить у вас прощения, Алексей Николаич.

Беляев. В чём?

Вера. Я слышала ... у вас было неприятное объяснение с Натальей Петровной ... Вы уезжаете ... Вам отказали.

Беляев. Кто вам это сказал?

Вера. Сама Наталья Петровна ... Я встретила её после вашего объяснения с ней ... Она мне сказала, что вы сами не хотите больше остаться у нас. Но я думаю, что вам отказали.

Беляев. Скажите, в доме это знают?

Вера. Нет ... Одна Катя ... Я должна была ей сказать ... Я хотела с вами говорить, попросить у вас прощения. Представьте же теперь, как мне должно быть тяжело ... Ведь я всему причиной, Алексей Николаич; я одна виновата.

Беляев. Вы, Вера Алексáндровна?

Вера. Я никак не могла ожидать ... Наталья Петровна ... Впрочем, я её извиняю. Извините меня и вы ... Сегодня поутру я была глупым ребёнком, а теперь ... *(Останавливается.)*

Беляев. Ещё ничего не решено, Вера Алексáндровна ... Я, может быть, останусь.

Вера *(печально)*. Вы говорите, ничего не решено. Алексей Николаич ... Нет, всё решено, всё кончено. Вот вы как со мной теперь; а помните, ещё вчера в саду ... *(Помолчáв.)* Ах, я вижу, Наталья Петровна вам всё сказала.

Беляев *(с смущением)*. Вера Алексáндровна.

Вера. Она вам всё сказала, я это вижу ... Она хотела поймать меня, и я, глупая, так и бросилась в её сети ... Но и она выдала себя ... Я всё-таки не такой уже ребёнок. *(Понизив голос.)* О нет!

Беляев. Что вы хотите сказать?

Вера *(взглянув на него)*. Алексей Николаич, точно ли вы сами хотели оставить нас?

Беляев. Да.

Вера. Отчего?

Беляев молчит.

Вы мне не отвечаете?

Беляев. Вера Алексáндровна, вы не ошиблись ... Наталья Петровна мне всё сказала.

119

Ве́ра (*сла́бым го́лосом*). Что, наприме́р?

Беля́ев. Ве́ра Алекса́ндровна ... Мне, пра́во, невозмо́жно ... Вы меня́ понима́ете.

Ве́ра. Она́ вам, мо́жет быть, сказа́ла, что я вас люблю́?

Беля́ев (*нереши́тельно*). Да.

Ве́ра (*бы́стро*). Да э́то непра́вда ...

Беля́ев (*с смуще́нием*). Как! ...

Ве́ра (*закрыва́ет лицо́ рука́ми и глу́хо ше́пчет сквозь па́льцы*). Я по кра́йней ме́ре ей э́того не сказа́ла, я не по́мню ... (*Поднима́я го́лову.*) О, как жесто́ко она́ поступи́ла со мной! И вы ... вы от э́того хоти́те уе́хать?

Беля́ев. Ве́ра Алекса́ндровна, посуди́те са́ми ...

Ве́ра (*взгляну́в на него́*). Он меня́ не лю́бит! (*Опя́ть закрыва́ет лицо́.*)

Беля́ев (*сади́тся по́дле неё и берёт её ру́ки*). Ве́ра Алекса́ндровна, да́йте мне ва́шу ру́ку ... Послу́шайте, ме́жду на́ми не должно́ быть недоразуме́ний. Я люблю́ вас как сестру́; я люблю́ вас, потому́ что вас нельзя́ не люби́ть. Извини́те меня́, е́сли я ... Я о́троду не был в тако́м положе́нии ... Я бы не жела́л оскорби́ть вас ... Я не ста́ну притворя́ться пе́ред ва́ми; я зна́ю, что я вам понра́вился, что вы меня́ полюби́ли ... Но посуди́те са́ми, что из э́того мо́жет вы́йти? Мне всего́ два́дцать лет, за мной гроша́ не́ту. Пожа́луйста, не серди́тесь на меня́. Я, пра́во, не зна́ю, что вам сказа́ть.

Ве́ра (*отнима́я ру́ки от лица́ и гля́дя на него́*). И как бу́дто я что́-нибудь тре́бовала, Бо́же мой! Но заче́м же так жесто́ко, так немилосе́рдо ... (*Она́ остана́вливается.*)

Беля́ев. Ве́ра Алекса́ндровна, я не жела́л огорчи́ть вас.

Ве́ра. Я вас не обвиня́ю, Алексе́й Никола́ич. В чём вы винова́ты! Винова́та одна́ я ... За то и нака́зана! Я и её не обвиняю; я знаю, она добрая женщина, но она не могла переломить себя ... Она потерялась.

Беляев *(с недоумением)*. Потерялась?

Вера *(оборачиваясь к нему)*. Наталья Петровна вас любит, Беляев.

Беляев. Как?

Вера. Она влюблена в вас.

Беляев. Что вы говорите?

Вера. Я знаю, что я говорю. Сегодняшний день меня состарил ... Я не ребёнок больше, поверьте. Она вздумала ревновать ... ко мне! *(С горькой улыбкой.)* Как вам это кажется?

Беляев. Да это быть не может!

Вера. Не может быть ... Но зачем же она вдруг вздумала выдать меня за этого господина, как бишь его,[111] за Большинцова? Зачем подсылала ко мне доктора, зачем сама уговаривала меня? О, я знаю, что я говорю! Если б вы могли видеть, Беляев, как у ней всё лицо переменилось, когда я ей сказала ... О, вы не можете себе вообразить, как хитро, как лукаво она выманивала у меня это сознание ... Да, она вас любит; это слишком ясно ...

Беляев. Вера Александровна, вы ошибаетесь, уверяю вас.

Вера. Нет, я не ошибаюсь. Поверьте мне: я не ошибаюсь. Если она вас не любит, зачем же она меня так истерзала? Что я ей сделала? *(Горько.)* Ревность всё извиняет. Да что и говорить! ... И теперь вот зачем она вам отказывает? Она думает, что вы ... что мы с вами ... О, она может успокоиться! Вы можете остаться! *(Закрывает лицо руками.)*

Беляев. Она до сих пор мне не отказала, Вера Александровна ... Я вам уже сказывал, что ещё ничего не решено ...

Ве́ра (*вдруг поднима́ет го́лову и гляди́т на него́*). В са́-мом де́ле?

Беля́ев. Да ... но заче́м вы так смо́трите на меня́?

Ве́ра (*сло́вно про себя́*). А! я понима́ю ... Да, да ... она́ сама́ ещё наде́ется ...

Дверь из коридо́ра бы́стро растворя́ется и на поро́ге пока́зывается Ната́лья Петро́вна. Она остана́вливается при ви́де Ве́ры и Беля́ева.

Беля́ев. Что вы говори́те?

Ве́ра. Да, тепе́рь мне всё я́сно ... Она опо́мнилась, она поняла́, что я ей не опа́сна! и в са́мом де́ле, что я тако́е? Глу́пая девчо́нка, а она́!

Беля́ев. Ве́ра Алекса́ндровна, как вы мо́жете ду́мать ...

Ве́ра. Да и наконе́ц, кто зна́ет? Мо́жет быть, она́ права́ ... мо́жет быть, вы её лю́бите ...

Беля́ев. Я?

Ве́ра (*встава́я*). Да, вы; отчего́ вы красне́ете?

Беля́ев. Я, Ве́ра Алекса́ндровна?

Ве́ра. Вы её лю́бите, вы мо́жете её полюби́ть? ... Вы не отвеча́ете на мой вопро́с?

Беля́ев. Но поми́луйте, что вы хоти́те, чтобы я отвеча́л вам? Ве́ра Алекса́ндровна, вы так взволно́ваны ... Успоко́й-тесь, ра́ди Бо́га ...

Ве́ра (*отвора́чиваясь от него́*). О, вы обраща́етесь со мной, как с ребёнком ... Вы да́же не удосто́иваете меня́ серьёзного отве́та ... Вы про́сто жела́ете отде́латься ... Вы меня́ утеша́ете! (*Хо́чет уйти́, но вдруг остана́вливается при ви́де Ната́льи Петро́вны.*) Ната́лья Петро́вна ...

Беля́ев бы́стро огля́дывается.

Ната́лья Петро́вна (де́лая не́сколько шаго́в вперёд). Да, я. (Она́ говори́т с не́которым уси́лием.) Я пришла́ за тобо́й, Ве́рочка.

Ве́ра (ме́дленно и хо́лодно). Почему́ вам взду́малось и́менно сюда́ прийти́? Вы, ста́ло быть, меня́ иска́ли?

Ната́лья Петро́вна. Да, я тебя́ иска́ла. Ты неосторо́жна, Ве́рочка ... Уже́ не раз я тебе́ говори́ла ... И вы, Алексе́й Никола́ич, вы забы́ли ва́ше обеща́ние ... Вы меня́ обману́ли.

Ве́ра. Да по́лноте же наконе́ц, Ната́лья Петро́вна, переста́ньте!

Ната́лья Петро́вна с изумле́нием гляди́т на неё.

По́лно вам говори́ть со мной, как с ребёнком ... (Пони́зив го́лос.) Я же́нщина с сего́дняшнего дня ... Я така́я же же́нщина, как вы.

Ната́лья Петро́вна (с смуще́нием). Ве́ра ...

Ве́ра (почти́ шёпотом). Он вас не обману́л ... Не он иска́л э́того свида́ния со мной. Ведь он меня́ не лю́бит, вы э́то зна́ете, вам не́чего ревнова́ть.

Ната́лья Петро́вна (с возраста́ющим изумле́нием). Ве́ра!

Ве́ра. Пове́рьте мне ... не хитри́те бо́льше. Э́ти хи́трости тепе́рь уж ни к чему́ не слу́жат ... Я их наскво́зь ви́жу тепе́рь. Пове́рьте. Я, Ната́лья Петро́вна, для вас не воспи́танница, за кото́рой вы наблюда́ете (с иро́нией), как ста́ршая сестра́ ... (Пододвига́ется к ней.) Я для вас сопе́рница.

Ната́лья Петро́вна. Ве́ра, вы забыва́етесь ...

Ве́ра. Мо́жет быть ... но кто меня́ до э́того довёл? Я сама́ не понима́ю, отку́да у меня́ берётся сме́лость так говори́ть с ва́ми ... Мо́жет быть, я говорю́ так оттого́, что я ни на что более не надеюсь, оттого что вам угодно было растоптать меня ... И вам это удалось ... совершенно. Но слушайте: я не намерена лукавить с вами, как вы со мной ... знайте: я ему *(указывая на Беляева)* всё сказала.

Наталья Петровна. Что вы могли ему сказать?

Вера. Что? *(С иронией.)* Да всё то, что мне удалось заметить. Вы надеялись из меня всё выведать, не выдавши самой себя. Вы ошиблись, Наталья Петровна. Вы слишком рассчитывали на свои силы ...

Наталья Петровна. Вера, Вера, опомнитесь ...

Вера *(шёпотом и ещё ближе пододвинувшись к ней)*. Скажите же мне, что я ошибаюсь ... Скажите мне, что вы его не любите ... Сказал же он мне, что он меня не любит!

Наталья Петровна в смущении молчит. Вера остаётся некоторое время неподвижной и вдруг прикладывает руку ко лбу.

Наталья Петровна, простите меня ... я ... я сама не знаю ... что со мною, простите меня, будьте снисходительны ... *(Заливается слезами и быстро уходит в дверь коридора.)*

Молчание.

Беляев *(подходя к Наталье Петровне)*. Я могу вас уверить, Наталья Петровна ...

Наталья Петровна *(неподвижно глядя на пол, протягивает руку в его направление)*. Остановитесь, Алексей Николаич. Точно ... Вера права ... Пора ... пора перестать мне хитрить. Я виновата перед ней, перед вами — вы вправе презирать меня.

Беляев делает невольное движение.

Я унизилась в собственных глазах. Мне остаётся одно средство снова заслужить ваше уважение: откровенность, полная откровенность, какие бы ни были последствия. Притом я вас вижу в последний раз, я в последний раз говорю с вами. Я люблю вас. *(Она всё не глядит на него.)*

Беляев. Вы, Наталья Петровна! ...

Наталья Петровна. Да, я. Я вас люблю. Вера не обманулась и не обманула вас. Я полюбила вас с первого дня вашего приезда, но сама узнала об этом со вчерашнего дня. Я не намерена оправдывать моё поведение ... Оно было недостойно меня ... но по крайней мере вы теперь можете понять, можете извинить меня. Да, я ревновала к Вере; да, я мысленно выдавала её за Большинцова, для того чтобы удалить её от себя и от вас; да, я воспользовалась преимуществом моих лет, моего положения, чтобы выведать её тайну, и — конечно, я этого не ожидала — и сама себя выдала. Я вас люблю, Беляев; но знайте: одна гордость вынуждает у меня это признание ... комедия, разыгранная мною до сих пор, меня возмутила наконец. Вы не можете остаться здесь ... Впрочем, после того, что я вам сейчас сказала, вам, вероятно, в моём присутствии будет очень неловко и вы сами захотите как можно скорее удалиться отсюда. Я в этом уверена. Эта уверенность придала мне смелость. Я, признаюсь, не хотела, чтобы вы унесли дурное воспоминание обо мне. Теперь вы всё знаете ... Я, может быть, помешала вам ... может быть, если б всё это не случилось, вы бы полюбили Вёрочку ... У меня только одно извинение, Алексей Николаич ... Всё это не было в моей власти. *(Она умолкает. Она всё это говорит довольно ровным и спокойным голосом, не глядя на Беляева. Он молчит. Она продолжает с некоторым волнением, всё не глядя на него.)* Вы мне не отвечаете? ... Впрочем, я это понимаю. Вам нечего мне сказать ... Положение человека, который не любит и кото́рому объясня́ются в любви́, сли́шком тя́гостно. Я благодарю́ вас за ва́ше молча́ние. Пове́рьте, когда́ я вам сказа́ла ... что я люблю́ вас, я не хитри́ла ... по-пре́жнему; я ни на что не рассчи́тывала; напро́тив: я хоте́ла сбро́сить наконе́ц с себя́ личи́ну, к кото́рой, могу́ вас уве́рить, я не привы́кла ... Да и, наконе́ц, к чему́ ещё жема́ниться и лука́вить, когда́ всё изве́стно; к чему́ ещё притворя́ться, когда́ да́же не́кого обма́нывать? Всё ко́нчено тепе́рь ме́жду на́ми. Я вас бо́лее не уде́рживаю. Вы мо́жете уйти́ отсю́да, не сказа́вши мне ни сло́ва, не прости́вшись да́же со мной. Я не то́лько не сочту́ э́то за неве́жливость, напро́тив — я вам бу́ду благода́рна. Есть слу́чаи, в кото́рых делика́тность неуме́стна ... ху́же гру́бости. Ви́дно, нам не́ было суждено́ узна́ть друг дру́га. Проща́йте. Да, нам не́ было суждено́ узна́ть друг дру́га ... но по кра́йней ме́ре я наде́юсь, что тепе́рь я в ва́ших глаза́х переста́ла быть тем притесни́тельным, скры́тным и хи́трым существо́м ... Проща́йте, навсегда́.

Беля́ев в волне́нье хо́чет что́-то сказа́ть и не мо́жет.

Вы не ухо́дите?

Беля́ев *(кла́няется, хо́чет уйти́ и по́сле не́которой борьбы́ с сами́м собо́ю возвраща́ется).* Нет, я не могу́ уйти́ ...

Ната́лья Петро́вна в пе́рвый раз взгля́дывает на него́.

Я не могу́ уйти́ так! ... Послу́шайте, Ната́лья Петро́вна, вы вот сейча́с мне сказа́ли ... вы не жела́ете, чтобы я унёс невы́годное воспомина́ние об вас, но и я не хочу́, чтобы и вы вспо́мнили обо мне, как о челове́ке, кото́рый ... Бо́же мой! Я не зна́ю, как вы́разиться ... Ната́лья Петро́вна, извини́те меня́ ... Я не уме́ю говори́ть с да́мами ... Я до сих пор знал ... совсе́м не таки́х же́нщин. Вы говори́те, что нам не было суждено́ узна́ть друг дру́га, но поми́луйте, мог ли я, просто́й, почти́ необразо́ванный ма́льчик, мог ли я да́же ду́мать о сближе́нии с ва́ми? Вспо́мните, кто вы и кто я! Вспо́мните, мог ли я сметь поду́мать ... С ва́шим воспита́ньем ... Да что я говорю́ о воспита́нии ... Взгляни́те на меня́ ... э́тот ста́рый сюрту́к, и ва́ши паху́чие пла́тья ... Поми́луйте! Ну да! я боя́лся вас, я и тепе́рь бою́сь вас ... Я, без вся́ких преувеличе́ний, гляде́л на вас, как на существо́ вы́сшее, и ме́жду тем ... вы, вы говори́те мне, что вы меня́ лю́бите ... вы, Ната́лья Петро́вна! Меня́! ... Я чу́вствую, се́рдце во мне бьётся, как о́троду не би́лось; оно́ бьётся не от одного́ изумле́ния, не самолю́бие во мне польщено́ ... где! ... не до самолю́бия тепе́рь ... Но я ... я не могу́ уйти́ так, во́ля ва́ша!

Ната́лья Петро́вна (*помолча́в, сло́вно про себя́*). Что я сде́лала!

Беля́ев. Ната́лья Петро́вна, ра́ди Бо́га, пове́рьте ...

Ната́лья Петро́вна (*изменённым го́лосом*). Алексе́й Никола́ич, е́сли б я не зна́ла вас за челове́ка благоро́дного, за челове́ка, кото́рому ложь недосту́пна, я бы могла́ Бог зна́ет что поду́мать. Я бы, мо́жет быть, раска́ялась в свое́й открове́нности. Но я ве́рю вам. Я не хочу́ скрыть пе́ред ва́ми мои́ чу́вства: я благода́рна вам за то, что вы мне сейча́с сказа́ли. Я тепе́рь зна́ю, почему́ мы не сошли́сь ... Ста́ло быть, со́бственно во мне ничего́ вас не отта́лкивало ... Одно́ моё положе́ние ... (*Остана́вливается.*) Всё к лу́чшему, коне́чно ... но мне тепе́рь ле́гче бу́дет расста́ться с ва́ми ... Проща́йте. (*Хо́чет уйти́.*)

Беля́ев (*помолча́в*). Ната́лья Петро́вна, я зна́ю, что мне нельзя́ здесь оста́ться ... но я не могу́ переда́ть вам всё, что во мне происхо́дит. Вы меня́ лю́бите ... мне да́же стра́шно выговорить эти слова ... всё это для меня так ново ... мне кажется, я вас вижу, слышу вас в первый раз, но я чувствую одно: мне необходимо уехать ... я чувствую, что я ни за что отвечать не могу ...

Наталья Петровна (слабым голосом). Да, Беляев, вы должны уехать ... Теперь, после этого объяснения, вы можете уехать ... И неужели же точно, несмотря на всё, что я сделала ... О, поверьте, если б я могла хоть отдалённо подозревать всё то, что вы мне теперь сказали — это признание, Беляев, оно бы умерло во мне ... Я хотела только прекратить все недоразумения, я хотела покаяться, наказать себя, я хотела разом перервать последнюю нить. Если б я могла себе представить ... (Она закрывает себе лицо.)

Беляев. Я вам верю, Наталья Петровна, я верю вам. Да я сам, за четверть часа ... разве я воображал ... Я только сегодня, во время нашего последнего свиданья перед обедом, в первый раз почувствовал что-то необыкновенное, небывалое, словно чья-то рука мне стиснула сердце, и так горячо стало в груди ... Я точно прежде как будто чуждался, как будто даже не любил вас; но, когда вы мне сказали сегодня, что Вере Александровне показалось ... (Останавливается.)

Наталья Петровна (с невольной улыбкой счастья на губах). Полноте, полноте, Беляев; нам не об этом должно думать. Нам не должно позабыть, что мы говорим друг с другом в последний раз ... что вы завтра уезжаете ...

Беляев. О да! я завтра же уеду! Теперь я ещё могу уехать ... Всё это пройдёт ... Вы видите, я не хочу преувеличивать ... Я уеду ... а там, что Бог даст! Я унесу с собой одно воспоминанье, я вечно буду помнить, что вы меня полюбили ... Но как же это я до сих пор не узнал вас? Вот вы

смо́трите на меня́ тепе́рь … Неуже́ли я когда́-нибудь ста-
ра́лся избега́ть ва́шего взгля́да … Неуже́ли я когда́-нибудь
робе́л в ва́шем прису́тствии?

Ната́лья Петро́вна *(с улы́бкой).* Вы сейча́с мне ска-
за́ли, что вы бои́тесь меня́.

Беля́ев. Я? *(Помолча́в.)* То́чно… Я сам себе́ удивля́юсь…
Я, я так сме́ло говорю́ с ва́ми? Я себя́ не узна́ю.

Ната́лья Петро́вна. И вы не обма́нываетесь? …

Беля́ев. В чём?

Ната́лья Петро́вна. В том, что вы меня́ … *(Вздра́ги-
вая.)* О Бо́же, что я де́лаю … Послу́шайте, Беля́ев … При-
ди́те ко мне на по́мощь … Ни одна́ же́нщина не находи́лась
ещё в подо́бном положе́нии. Я не в си́лах бо́льше, пра́во …
Мо́жет быть, оно́ так к лу́чшему, всё ра́зом прекращено́, но
мы по кра́йней ме́ре узна́ли друг дру́га … Да́йте мне ру́ку —
и проща́йте навсегда́.

Беля́ев *(берёт её за́ руку).* Ната́лья Петро́вна … я не
зна́ю, что вам сказа́ть на проща́нье … се́рдце у меня́ так
полно́ … Дай вам Бог … *(Остана́вливается и прижима́ет
её ру́ку к губа́м.)* Проща́йте. *(Хо́чет уйти́ в садо́вую дверь.)*

Ната́лья Петро́вна *(гля́дя ему́ вслед).* Беля́ев …

Беля́ев *(обора́чиваясь).* Ната́лья Петро́вна …

Ната́лья Петро́вна *(помолча́в не́которое вре́мя, слабым го́лосом).* Оста́ньтесь …

Беля́ев. Как? …

Ната́лья Петро́вна. Оста́ньтесь, и пусть Бог нас рас-
су́дит! *(Она́ пря́чет го́лову в ру́ки.)*

Беля́ев *(бы́стро подхо́дит к ней и протя́гивает к ней
ру́ки).* Ната́лья Петро́вна …

В э́то мгнове́ние дверь из са́ду растворя́ется, и на поро́ге пока́зывается
Раки́тин. Он не́которое вре́мя гляди́т на обо́их и вдруг подхо́дит к ним.

Раки́тин *(гро́мко)*. А вас везде́ и́щут, Ната́лья Пет-ро́вна ...

Ната́лья Петро́вна и Беля́ев огля́дываются.

Ната́лья Петро́вна *(отнима́я ру́ки от лица́ и сло́вно приходя́ в себя́)*. А, э́то вы ... Кто меня́ и́щет?

Беля́ев, смущённый, кла́няется Ната́лье Петро́вне и хо́чет уйти́.

Вы ухо́дите, Алексе́й Никола́ич ... не забу́дьте же, вы зна́ете ...

Он вторично кла́няется ей и ухо́дит в сад.

Раки́тин. Арка́дий вас и́щет ... Признаю́сь, я не ожида́л найти́ вас здесь ... но, проходя́ ми́мо ...

Ната́лья Петро́вна *(с улы́бкой)*. Вы услы́шали на́ши голоса́ ... Я встре́тила здесь Алексе́я Никола́ича ... и име́ла с ним небольшо́е объясне́ние ... Сего́дня, ви́дно, день объясне́ний, но тепе́рь мы мо́жем пойти́ домо́й ... *(Хо́чет идти́ в дверь коридо́ра.)*

Раки́тин *(с не́которым волне́нием)*. Могу́ узна́ть ... како́е реше́ние ...

Ната́лья Петро́вна *(притворя́ясь удивлённой)*. Како́е реше́ние? ... Я вас не понима́ю.

Раки́тин *(до́лго помолча́в, печа́льно)*. В тако́м слу́чае я всё понима́ю.

Ната́лья Петро́вна. Ну так и есть ... Опя́ть таи́нственные намёки! Ну да, я объясни́лась с ним, и тепе́рь всё опя́ть пришло́ в поря́док ... Э́то пустяки́ бы́ли, преувеличе́нья ... Всё, о чём мы говори́ли с ва́ми, всё э́то ребя́чество. Э́то сле́дует тепе́рь позабы́ть.

Раки́тин. Я вас не расспра́шиваю, Ната́лья Петро́вна.

130

Ната́лья Петро́вна *(с принуждённой развя́зностью)*. Что бишь я хоте́ла сказа́ть вам ... Не по́мню. Всё равно́. Пойдёмте. Всё э́то ко́нчено ... всё прошло́.

Раки́тин *(при́стально погляде́в на неё)*. Да, всё ко́нчено. Как вам, должно́ быть, тепе́рь доса́дно на себя́ ... за ва́шу сего́дняшнюю открове́нность ... *(Он отвора́чивается.)*

Ната́лья Петро́вна. Раки́тин ...

Он опя́ть взгля́дывает на неё; она́, ви́димо, не зна́ет, что сказа́ть.

Вы ещё не говори́ли с Арка́дием?

Раки́тин. Ника́к нет-с ... Я ещё не успе́л пригото́виться ... Вы понима́ете, на́добно что́-нибудь сочини́ть ...

Ната́лья Петро́вна. Как э́то несно́сно! Чего́ они́ от меня́ хотя́т? Следя́т за мной на ка́ждом шагу́. Раки́тин, мне, пра́во, со́вестно пе́ред ва́ми ...

Раки́тин. О Ната́лья Петро́вна, не изво́льте беспоко́иться ... К чему́? Всё э́то в поря́дке веще́й. Но как заме́тно, что господи́н Беля́ев ещё новичо́к! И к чему́ э́то он так смеша́лся, убежа́л ... Впро́чем, со вре́менем ... *(вполго́лоса и ско́ро)* вы о́ба нау́читесь притворя́ться ... *(Гро́мко.)* Пойдёмте.

Ната́лья Петро́вна хо́чет подойти́ к нему́ и остана́вливается. В э́то мгнове́нье за две́рью са́да раздаётся го́лос Исла́ева: «Он сюда́ пошёл, вы говори́те?» — и вслед за тем вхо́дят Исла́ев и Шпиге́льский.

Исла́ев. То́чно ... вот он. Ба, ба, ба! Да и Ната́лья Петро́вна тут же! *(Подходя́ к ней.)* Что э́то? продолже́ние сего́дняшнего объясне́ния? Ви́дно, предме́т ва́жный.

Раки́тин. Я встре́тил здесь Ната́лью Петро́вну ...

Исла́ев. Встре́тил? *(Огля́дывается.)* Како́е проходно́е ме́сто, поду́маешь?

Ната́лья Петро́вна. Да зашёл же ты сюда́ ...

Исла́ев. Я зашёл сюда́ потому́ … *(Остана́вливается.)*

Ната́лья Петро́вна. Ты меня́ иска́л?

Исла́ев *(помолча́в)*. Да — я иска́л тебя́. Не хо́чешь ли ты верну́ться домо́й? Чай уже́ гото́в. Ско́ро сме́ркнется.

Ната́лья Петро́вна *(берёт его́ ру́ку)*. Пойдём.

Исла́ев *(огля́дываясь)*. А из э́тих сене́й мо́жно сде́лать две хоро́шие ко́мнаты для садо́вников — и́ли другу́ю лю́дскую — как вы полага́ете, Шпиге́льский?

Шпиге́льский. Разуме́ется.

Исла́ев. Пойдём са́дом, Ната́ша. *(Идёт в садо́вую дверь. Он в тече́ние всей э́той сце́ны ни ра́зу не взгляну́л на Раки́тина. На поро́ге он обора́чивается до полови́ны.)* Господа́, что же вы? Пойдёмте чай пить. *(Ухо́дит с Ната́льей Петро́вной.)*

Шпиге́льский *(Раки́тину)*. Что ж, Миха́йло Алекса́ндрыч, пойдёмте … Да́йте мне ру́ку … Ви́дно, нам с ва́ми суждено́ состоя́ть в ариерга́рде …

Раки́тин *(с се́рдцем)*. Ах, господи́н до́ктор, вы, позво́льте вам сказа́ть, вы мне о́чень надое́ли …

Шпиге́льский *(с притво́рным добро́душием)*. А уж себе́-то как я надое́л, Миха́йло Алекса́ндрыч, е́сли б вы зна́ли!

Раки́тин нево́льно улыба́ется.

Пойдёмте, пойдёмте …

Óба ухо́дят в дверь са́да.

ДЕ́ЙСТВИЕ ПЯ́ТОЕ

Та же декора́ция, как в пе́рвом и тре́тьем де́йствиях. У́тро. За столо́м сиди́т Исла́ев и рассма́тривает бума́ги. Он вдруг встаёт.

Исла́ев. Нет! реши́тельно не могу́ сего́дня занима́ться. Сло́вно гвоздь засе́л мне в го́лову.[112] *(Проха́живается.)* Призна́юсь, я э́того не ожида́л; я не ожида́л, что я бу́ду трево́житься ... как тепе́рь трево́жусь. Как тут поступи́ть? ... вот в чём зада́ча. *(Заду́мывается и вдруг кричи́т.)* Матве́й!

Матве́й *(входя́).* Что прика́жете?

Исла́ев. Ста́росту мне позва́ть ... Да копача́м на плоти́не вели́ подожда́ть меня́ ... Ступа́й.

Матве́й. Слу́шаю-с. *(Ухо́дит.)*

Исла́ев *(подходя́ опя́ть к столу́ и перели́стывая бума́ги).* Да ... зада́ча!

А́нна Семёновна *(вхо́дит и приближа́ется к Исла́еву).* Арка́ша ...

Исла́ев. А! э́то вы, ма́менька. Как ва́ше здоро́вье?

А́нна Семёновна *(садя́сь на дива́н).* Я здоро́ва, сла́ва Бо́гу. *(Вздыха́ет.)* Я здоро́ва. *(Вздыха́ет ещё гро́мче.)* Сла́ва Бо́гу. *(Ви́дя, что Исла́ев не слу́шает её, вздыха́ет о́чень си́льно, с лёгким сто́ном.)*

Исла́ев. Вы вздыха́ете ... Что с ва́ми?

А́нна Семёновна *(опя́ть вздыха́ет, но уже́ ле́гче).* Ах, Арка́ша, как бу́дто ты не зна́ешь, о чём я вздыха́ю!

Исла́ев. Что вы хоти́те сказа́ть?

А́нна Семёновна *(помолча́в).* Я мать твоя́, Арка́ша.

133

Конéчно, ты человéк ужé взрóслый, с рассýдком; но всё же — я твоя́ мать. Велúкое слóво: мать!

Исла́ев. Объяснúтесь, пожа́луйста.

А́нна Семёновна. Ты зна́ешь, на что я намека́ю, друг мой. Твоя́ жена́, Ната́ша … конéчно, она́ прекра́сная жéнщина — и поведéние её до сих пор бы́ло са́мое примéрное … но она́ ещё так молода́, Арка́ша! А мóлодость …

Исла́ев. Я понима́ю, что вы хотúте сказа́ть … Вам ка́жется, что её отношéния с Ракúтиным …

А́нна Семёновна. Сохранú Бог! Я вóвсе не дýмала …

Исла́ев. Вы мне не да́ли договорúть … Вам ка́жется, что её отношéния с Ракúтиным не совсéм … я́сны. Эти таúнственные разговóры, эти слёзы — всё это вам ка́жется стра́нным.

А́нна Семёновна. А что, Арка́ша, сказа́л он тебé наконéц, о чём это у них бы́ли разговóры? … Мне он ничегó не сказа́л.

Исла́ев. Я, ма́менька, его не расспра́шивал — а он, по-вúдимому, не слúшком торóпится удовлетворúть моё любопы́тство.

А́нна Семёновна. Так что ж ты намéрен тепéрь сдéлать?

Исла́ев. Я, ма́менька? Да ничегó.

А́нна Семёновна. Как ничегó?

Исла́ев. Да так же, ничегó.

А́нна Семёновна (вставая). Признаю́сь, это меня́ удивля́ет. Конéчно, ты в своём дóме хозя́ин и лýчше меня́ зна́ешь, что хорошó и что дýрно. Одна́ко подýмай, каки́е послéдствия …

Исла́ев. Ма́менька, пра́во, вы напра́сно извóлите тревóжиться.

134

А́нна Семёновна. Друг мой, ведь я мать ... а впро́чем, как зна́ешь. *(Помолча́в.)* Я, признаю́сь, пришла́ бы́ло к тебе́ с наме́рением предложи́ть своё посре́дничество ...

Исла́ев *(с жи́востью).* Нет, уж на э́тот счёт я до́лжен проси́ть вас, ма́менька, не беспоко́иться ... Сде́лайте одолже́ние!

А́нна Семёновна. Как хо́чешь, Арка́ша, как хо́чешь. Я вперёд уже́ ни сло́ва не скажу́. Я тебя́ предупреди́ла, долг испо́лнила — а тепе́рь — как воды́ в рот набрала́.[113]

Небольшо́е молча́ние.

Исла́ев. Вы сего́дня никуда́ не выезжа́ете?

А́нна Семёновна. А то́лько я должна́ предупреди́ть тебя́: ты сли́шком дове́рчив, дружо́к мой; обо всех по себе́ су́дишь! Пове́рь мне: настоя́щие друзья́ сли́шком ре́дки в на́ше вре́мя!

Исла́ев *(с нетерпе́нием).* Ма́менька ...

А́нна Семёновна. Ну — молчу́, молчу́! Да и где мне, стару́хе? Чай, из ума́ вы́жила! И воспи́тана я была́ в други́х пра́вилах — и сама́ стара́лась тебе́ внуши́ть ... Ну, ну, занима́йся, я меша́ть не бу́ду ... Я уйду́. *(Идёт к две́ри и остана́вливается.)* Ста́ло быть? ... Ну, как зна́ешь, как зна́ешь! *(Ухо́дит.)*

Исла́ев *(гля́дя ей вслед).* Что за охо́та лю́дям, кото́рые действи́тельно вас лю́бят, класть поочерёдно все свои́ па́льцы в ва́шу ра́ну? И ведь они́ убеждены́ в том, что от э́того вам ле́гче, — вот что заба́вно! Впро́чем, я ма́тушку не виню́: её наме́рения то́чно са́мые лу́чшие — да и как не пода́ть сове́та? Но де́ло не в том ... *(Садя́сь.)* Как мне поступи́ть? *(Поду́мав, встаёт.)* Э! чем про́ще, тем лу́чше! Дипломати́ческие то́нкости ко мне не иду́т ... Я пе́рвый в них запу́таюсь *(Звони́т.)*

Входит Матвей.

Михайло Александрович дома — не знаешь?

Матвей. Дома-с. Я их сейчас в биллиардной видел.

Исляев. А! Ну, так попроси его ко мне.

Матвей. Слушаю-с. *(Уходит.)*

Исляев *(ходя взад и вперёд)*. Не привык я к подобным передрягам ... Надеюсь, что они не будут часто повторяться ... Я хоть и крепкого сложения — а этого не вынесу. *(Кладёт руку на грудь.)* Фу! ...

Из залы входит Ракитин, смущённый.

Ракитин. Ты меня звал?

Исляев. Да ... *(Помолчав.)* Michel, ведь ты у меня в долгу.

Ракитин. Я?

Исляев. А как же? Ты разве забыл своё обещание? Насчёт ... Наташиных слёз ... и вообще ... Вот как мы вас с матушкой застали, помнишь — ты мне сказал, что между вами есть тайна, которую ты хотел объяснить?

Ракитин. Я сказал: тайна?

Исляев. Сказал.

Ракитин. Да какая же у нас может быть тайна? Был у нас разговор.

Исляев. О чём? И отчего она плакала?

Ракитин. Ты знаешь, Аркадий ... попадаются такие минуты в жизни женщины ... самой счастливой ...

Исляев. Ракитин, постой, эдак нельзя. Я не могу видеть тебя в таком положении ... Твоё замешательство меня тяготит больше, чем тебя самого. *(Берёт его за руку.)* Мы ведь старые друзья — ты меня с детства знаешь: хитрить я не

136

умéю — да и ты был всегдá со мной откровéнен. Позвóль мне предложи́ть тебé оди́н вопрóс ... Даю́ наперёд чéстное слóво, что в и́скренности твоегó отвéта сомневáться не бýду. Ты ведь лю́бишь мою́ женý?

Раки́тин взгля́дывает на Ислáева.

Ты меня́ понимáешь, лю́бишь ли ты её так ... Ну, слóвом, лю́бишь ли ты мою́ женý такóй любóвью, в котóрой мýжу сознáться ... трýдно?

Раки́тин (помолчáв, глухи́м гóлосом). Да — я люблю́ твою́ женý ... такóй любóвью.

Ислáев (тóже помочáв). Мишéль, спаси́бо за откровéнность. Ты благорóдный человéк. Ну. однáко. что ж тепéрь дéлать? Сядь, обсýдим-ка э́то дéло вдвоём.

Раки́тин сади́тся. Ислáев хóдит по кóмнате.

Я Натáшу знáю; я знáю ей цéну ... Но и себé я цéну знáю. Я тебя́ не стóю, Michel ... не перебивáй меня́, пожáлуйста, — я тебя́ не стóю. Ты умнéе, лýчше, наконéц прия́тнее меня́. Я простóй человéк. Натáша меня́ лю́бит — я дýмаю, но у ней есть глазá ... ну, слóвом, ты дóлжен ей нрáвиться. И вот что я тебé ещё скажý: я давнó замечáл вáше взаи́мное расположéние ... Но я в обóих вас всегдá был увéрен — и покá ничегó не выходи́ло нарýжу ... Эх! говори́ть-то я не умéю! (Останáвливается.) Но пóсле вчерáшней сцéны, пóсле вáшего втори́чного свидáния вéчером — как тут быть? И хоть бы я оди́н вас застáл — а тут замешáлись свидéтели; мáменька, э́тот плут Шпигéльский ... Ну, что ты скáжешь, Michel — a?

Раки́тин. Ты совершéнно прав, Аркáдий.

Ислáев. Не в том вопрóс ... а чтó дéлать? Я дóлжен тебé

сказа́ть, Michel, что хоть я и просто́й челове́к — а насто́лько понима́ю, что чужу́ю жизнь заеда́ть не годи́тся[114] — и что быва́ют слу́чаи, когда́ на свои́х права́х наста́ивать гре́шно. Это я, брат, не из книг вы́читал … со́весть говори́т. Дать во́лю … ну, что ж? дать во́лю! То́лько э́то обду́мать на́до. Это сли́шком ва́жно.

Раки́тин (*встава́я*). Да уж я всё обду́мал.

Исла́ев. Как?

Раки́тин. Я до́лжен уе́хать … я уезжа́ю.

Исла́ев (*помолча́в*). Ты полага́ешь? … Совсе́м отсю́да вон?

Раки́тин. Да.

Исла́ев (*опя́ть начина́ет ходи́ть взад и вперёд*). Это … э́то ты како́е сло́во сказа́л! А мо́жет быть, ты прав. Тяжело́ нам бу́дет без тебя́ … Бог ве́дает, мо́жет, э́то и к це́ли не приведёт … Но тебе́ видне́й, тебе́ лу́чше знать. Я полага́ю, э́то ты приду́мал ве́рно. Ты мне опа́сен, брат … (*С гру́стной улы́бкой.*) Да … ты мне опа́сен. Вот я сейча́с что́ сказа́л … насчёт во́ли-то … А ведь, пожа́луй, я бы не пережи́л! Мне без Ната́ши быть … (*Маха́ет руко́й.*) И вот что, брат, ещё: с не́которых пор, осо́бенно в э́ти после́дние дни, я ви́жу в ней большу́ю переме́ну. В ней прояви́лось како́е-то глубо́кое, постоя́нное волне́ние, кото́рое меня́ пуга́ет. Не пра́вда ли, я не ошиба́юсь?

Раки́тин (*го́рько*). О нет, ты не ошиба́ешься!

Исла́ев. Ну, вот ви́дишь! Ста́ло быть, ты уезжа́ешь?

Раки́тин. Да.

Исла́ев. Гм. И как э́то вдруг стрясло́сь! И ну́жно же тебе́ бы́ло так смеша́ться, когда́ мы с ма́тушкой заста́ли вас …

Матве́й (*входя́*). Ста́роста пришёл-с.

Исла́ев. Пусть подождёт!

138

Матвей уходит.

Michel, однако, ты ненадолго уезжаешь? Уж это, брат, пустяки!

Ракитин. Не знаю, право ... Я думаю ... надолго.

Исляев. Да ты меня уж не принимаешь ли за Отелло за какого-нибудь? Право, с тех пор как свет стоит, я думаю, такого разговора не было между двумя друзьями! Не могу же я так с тобой расстаться ...

Ракитин (*пожимая ему руку*). Ты меня уведомишь, когда мне можно будет воротиться.

Исляев. Ведь тебя здесь заменить некому! Не Большинцов же в самом деле!

Ракитин. Тут есть другие ...

Исляев. Кто? Криницын? Фат этот? Беляев, конечно, добрый малый ... но ведь ему до тебя, как до звезды небесной!

Ракитин (*язвительно*). Ты думаешь? Ты его не знаешь, Аркадий ... Ты обрати на него внимание ... Советую тебе ... Слышишь? Он очень ... очень замечательный человек!

Исляев. Ба! То-то вы всё с Наташей хотели его воспитаньем заняться! (*Глянув в дверь.*) А! да вот и он, кажется, сюда идёт ... (*Поспешно.*) Итак, милый мой, это решено — ты уезжаешь ... на короткое время ... на этих днях ... Спешить не к чему — нужно Наташу приготовить ... Маменьку я успокою ... И дай Бог тебе счастья! Камень у меня ты снял с сердца ... Обними меня, душа моя! (*Торопливо его обнимает и оборачивается ко входящему Беляеву.*) А ... это вы! Ну ... ну, как можете?

Беляев. Слава Богу, Аркадий Сергеич.

Исляев. А что, Коля где?

Беля́ев. Он с господи́ном Ша́афом.

Исла́ев. А ... прекра́сно! *(Берёт шля́пу.)* Ну, господа́, одна́ко, проща́йте. Я ещё нигде́ не был сего́дня — ни на плоти́не, ни на постро́йке ... Вот и бума́г не просмотре́л. *(Схва́тывает их под мы́шку.)* До свида́нья! Матве́й! Матве́й! ступа́й со мной! *(Ухо́дит.)*

Раки́тин остаётся в заду́мчивости на авансце́не.

Беля́ев *(подходя́ к Раки́тину).* Как вы сего́дня себя́ чу́вствуете, Миха́йла Алекса́ндрыч?

Раки́тин. Благода́рствуйте. По-обыкнове́нному. А вы как?

Беля́ев. Я здоро́в.

Раки́тин. Э́то ви́дно!

Беля́ев. А что?

Раки́тин. Да так ... по ва́шему лицу́ ... Э! да вы но́вый сюрту́к сего́дня наде́ли ... И что я ви́жу! цвето́к в петли́це.

Беля́ев, красне́я, вырыва́ет его́.

Да заче́м же ... заче́м, поми́луйте ... Э́то о́чень ми́ло ... *(Помолча́в).* Кста́ти, Алексе́й Никола́ич, е́сли вам что́-нибудь ну́жно ... Я за́втра е́ду в го́род.

Беля́ев. За́втра?

Раки́тин. Да ... а отту́да, мо́жет быть, в Москву́.

Беля́ев *(с удивле́нием).* В Москву́? Да вы, ка́жется, ещё вчера́ мне говори́ли, что наме́рены пробы́ть здесь с ме́сяц ...

Раки́тин. Да ... но дела́ ... обстоя́тельство вы́шло тако́е ...

Беля́ев. И надо́лго вы уезжа́ете?

Раки́тин. Не зна́ю ... мо́жет быть, надо́лго.

Беля́ев. Позво́льте узна́ть — Ната́лье Петро́вне изве́стно ва́ше наме́рение?

Раки́тин. Нет. Почему́ вы спра́шиваете меня́ и́менно о ней?

Беля́ев. Я? *(Не́сколько смущённый.)* Так.

Раки́тин *(помолча́в и огляну́вшись круго́м)*. Алексе́й Никола́ич, ка́жется, кро́ме нас, никого́ нет в ко́мнате, не стра́нно ли, что мы друг пе́ред дру́гом коме́дию разы́грываем, а? как вы ду́маете?

Беля́ев. Я вас не понима́ю, Миха́йло Алекса́ндрыч.

Раки́тин. В са́мом де́ле? Вы то́чно не понима́ете, заче́м я уезжа́ю?

Беля́ев. Нет.

Раки́тин. Э́то стра́нно ... Впро́чем, я гото́в вам ве́рить. Мо́жет быть, вы действи́тельно не зна́ете причи́ны ... Хоти́те, я вам скажу́, заче́м я уезжа́ю?

Беля́ев. Сде́лайте одолже́ние.

Раки́тин. Вот, ви́дите ли, Алексе́й Никола́ич, — впро́чем, я наде́юсь на ва́шу скро́мность, — вы сейча́с заста́ли меня́ с Арка́дием Серге́ичем ... У нас с ним был дово́льно ва́жный разгово́р. Всле́дствие и́менно э́того разгово́ра я реши́лся уе́хать. И зна́ете ли — почему́? Я вам всё э́то говорю́ потому́, что счита́ю вас за благоро́дного челове́ка ... Ему́ вообрази́лось, что я ... ну, да, что я люблю́ Ната́лью Петро́вну. Как вам э́то ка́жется, а? Не пра́вда ли, кака́я стра́нная мысль? Но я за то благода́рен ему́, что он не стал хитри́ть, наблюда́ть за на́ми, что ли, а про́сто и пря́мо обрати́лся ко мне. Ну, тепе́рь скажи́те, что бы вы сде́лали на моём ме́сте? Коне́чно, его́ подозре́ния не име́ют никако́го основа́ния, но они́ его́ трево́жат ... Для поко́я друзе́й поря́дочный челове́к до́лжен уме́ть иногда́ пожертвовать ... свои́м удово́льствием. Вот от э́того-то я и уезжа́ю ... Я уве́рен, вы одо́брите моё реше́ние, не пра́вда ли? Не пра́вда ли,

141

вы ... вы бы то́чно так же поступи́ли на моём ме́сте? Вы бы то́же уе́хали?

Беля́ев *(помолча́в)*. Мо́жет быть.

Раки́тин. Мне о́чень прия́тно э́то слы́шать ... Коне́чно, я не спо́рю, в моём наме́рении удали́ться есть сторона́ смешна́я, я сло́вно сам почита́ю себя́ опа́сным; но ви́дите ли, Алексе́й Никола́ич, честь же́нщины така́я ва́жная вещь ... И прито́м — я, разуме́ется, э́то говорю́ не про Ната́лью Петро́вну, — но я знава́л же́нщин чи́стых и неви́нных се́рдцем, настоя́щих дете́й при всём уме́, кото́рые и́менно всле́дствие э́той чистоты́ и неви́нности бо́лее други́х спо́собны бы́ли отда́ться внеза́пному увлече́нью ... А потому́, кто зна́ет? Ли́шняя осторо́жность в таки́х слу́чаях не меша́ет, тем бо́лее что ... Кста́ти, Алексе́й Никола́ич, вы, мо́жет быть, ещё вообража́ете, что любо́вь вы́сшее бла́го на земле́?

Беля́ев *(хо́лодно)*. Я э́того ещё не испыта́л, но я ду́маю, что быть люби́мым же́нщиной, кото́рую лю́бишь вели́кое сча́стье.

Раки́тин. Дай вам Бог до́лго сохрани́ть таки́е прия́тные убежде́ния! По-мо́ему, Алексе́й Никола́ич, вся́кая любо́вь, счастли́вая, равно́ как и несча́стная, настоя́щее бе́дствие, когда́ ей отдаёшься весь ... Погоди́те! вы, мо́жет быть, ещё узна́ете, как э́ти не́жные ру́чки уме́ют пыта́ть, с како́й ла́сковой забо́тливостью они́ по части́чкам раздира́ют се́рдце ... Погоди́те! вы узна́ете, ско́лько жгу́чей не́нависти таи́тся под са́мой пла́менной любо́вью! Вы вспо́мните обо мне, когда́, как больно́й жа́ждет здоро́вья, вы бу́дете жа́ждать поко́я, са́мого бессмы́сленного, са́мого по́шлого поко́я, когда́ вы бу́дете зави́довать вся́кому челове́ку безза-бо́тному и свобо́дному ... Погоди́те! Вы узна́ете, что зна́чит принадлежа́ть ю́бке, что зна́чит быть порабощённым, за-

142

ражённым — и как постыдно и томительно это рабство! ...
Вы узнаете, наконец, какие пустячки покупаются такою дорогою ценою ... Но к чему я это всё говорю вам, вы мне не поверите теперь. Дело в том, что мне очень приятно ваше одобрение ... да, да ... в таких случаях следует быть осторожным.

Беляев *(который всё время не спускал глаз с Ракитина).* Спасибо за урок, Михайло Александрыч, хотя я в нём и не нуждался.

Ракитин *(берёт его за руку).* Вы извините меня, пожалуйста, я не имел намерения ... не мне давать уроки кому бы то ни было ... Я только так разговорился ...

Беляев *(с лёгкой иронией).* Безо всякого повода?

Ракитин *(немного смешавшись).* Именно без всякого особенного повода. Я хотел только ... Вы до сих пор, Алексей Николаич, не имели случая изучить женщин. Женщины — это очень своенравный народ.

Беляев. Да вы о ком говорите?

Ракитин. Так ... ни о ком в особенности.

Беляев. О всех вообще, не правда ли?

Ракитин *(принуждённо улыбаясь).* Да, может быть. Я, право, не знаю, с какой стати я попал в этот наставнический тон, но уж позвольте мне на прощанье дать вам один добрый совет. *(Останавливаясь и махнув рукой.)* Э! да впрочем, что я за советчик! Извините, пожалуйста, мою болтовню ...

Беляев. Напротив, напротив ...

Ракитин. Итак, вам ничего не нужно из города?

Беляев. Ничего, спасибо. Но мне жаль, что вы уезжаете.

Ракитин. Покорно вас благодарю ... Поверьте, что и мне тоже ...

Из двери кабинета выходят Наталья Петровна *и* Вера. *Вера очень печальна и бледна.*

Я очень был рад с вами познакомиться ... (*Опять жмёт ему руку.*)

Наталья Петровна (*глядит некоторое время на обоих и подходит к ним*). Здравствуйте, господа ...

Ракитин (*быстро оборачиваясь*). Здравствуйте, Наталья Петровна ... Здравствуйте, Вера Александровна ...

Беляев молча кланяется Наталье Петровне и Вере. Он смущён.

Наталья Петровна (*Ракитину*). Что вы делаете хорошего?

Ракитин. Да ничего ...

Наталья Петровна. А мы уж с Верой гуляли по саду ... Сегодня так хорошо на воздухе ... Липы так сладко пахнут. Мы всё под липами гуляли ... Приятно слушать в тени жужжание пчёл над головой ... (*Робко Беляеву.*) Мы надеялись вас там встретить.

Беляев молчит.

Ракитин (*Наталье Петровне*). А! и вы сегодня обращаете внимание на красоты природы ... (*Помолчав.*) Алексею Николаичу нельзя было идти в сад ... Он сегодня новый сюртук надел ...

Беляев (*слегка вспыхнув*). Конечно, ведь он у меня только один, а в саду, пожалуй, изорвать его можно ... Ведь вы вот что хотите сказать?

Ракитин (*покраснев*). О нет ... я совсем не то ...

Вера идёт молча к дивану направо, садится и принимается за работу. Наталья Петровна принуждённо улыбается Беляеву. Небольшое, довольно тягостное молчание. Ракитин продолжает с язвительной небрежностью.

144

Ах да, я забы́л вам сказа́ть, Ната́лья Петро́вна, я сего́дня уезжа́ю ...

Ната́лья Петро́вна (*с не́которым волне́нием*). Вы уезжа́ете? Куда́?

Раки́тин. В го́род ... По дела́м.

Ната́лья Петро́вна. Я наде́юсь, ненадо́лго?

Раки́тин. Как дела́ пойду́т.

Ната́лья Петро́вна. Смотри́те же, возвраща́йтесь скоре́й. (*К Беля́еву, не гля́дя на него́.*) Алексе́й Никола́ич, э́то ва́ши рису́нки мне Ко́ля пока́зывал? Э́то вы рисова́ли?

Беля́ев. Да-с ... я ... безде́лицы ...

Ната́лья Петро́вна. Напро́тив, э́то о́чень ми́ло. У вас тала́нт.

Раки́тин. Я ви́жу, вы в господи́не Беля́еве с ка́ждым днём открыва́ете но́вые досто́инства.

Ната́лья Петро́вна (*хо́лодно*). Мо́жет быть ... Тем лу́чше для него́. (*Беля́еву.*) У вас, вероя́тно, есть други́е рису́нки, вы мне их пока́жете.

Беля́ев кла́няется.

Раки́тин (*кото́рый всё вре́мя стои́т как на и́глах*). Одна́ко я вспо́мнил, что мне пора́ укла́дываться ... До свида́нья. (*Идёт к дверя́м за́лы.*)

Ната́лья Петро́вна (*ему́ вслед*). Да вы ещё прости́тесь с на́ми ...

Раки́тин. Коне́чно.

Беля́ев (*по́сле не́которой нереши́тельности*). Миха́йло Алекса́ндрыч, погоди́те, я с ва́ми пойду́. Мне ну́жно сказа́ть вам два сло́ва ...

Раки́тин. А!

О́ба ухо́дят в за́лу. Ната́лья Петро́вна остаётся посреди́ сце́ны; погодя́ немно́го она́ сади́тся нале́во.

Ната́лья Петро́вна *(по́сле не́которого молча́ния)*. Ве́ра!

Ве́ра *(не поднима́я головы́)*. Что вам уго́дно?

Ната́лья Петро́вна. Ве́ра, ра́ди Бо́га, не бу́дьте так со мной ... ра́ди Бо́га, Ве́ра ... Ве́рочка ...

Ве́ра ничего́ не говори́т. Ната́лья Петро́вна встаёт, идёт че́рез всю сце́ну и ти́хо стано́вится пе́ред ней на коле́на. Ве́ра хо́чет подня́ть её, отвора́чивается и закрыва́ет лицо́. Ната́лья Петро́вна говори́т на коле́нях.

Ве́ра, прости́ меня́; не плачь, Ве́ра. Я винова́та пе́ред тобо́ю, я винова́та. Неуже́ли ты не мо́жешь прости́ть меня́?

Ве́ра *(сквозь слёзы)*. Вста́ньте, вста́ньте ...

Ната́лья Петро́вна. Я не вста́ну, Ве́ра, пока́ ты не прости́шь меня́. Тебе́ тяжело́ ... но вспо́мни, ра́зве мне ле́гче ... вспо́мни, Ве́ра ... Ведь ты всё зна́ешь ... Ме́жду на́ми то́лько та ра́зница, что ты пе́редо мной ни в чём не винова́та, а я ...

Ве́ра *(го́рько)*. То́лько та ра́зница! Нет, Ната́лья Петро́вна, ме́жду на́ми друга́я есть ра́зница ... Вы сего́дня так мя́гки, так до́бры, так ла́сковы ...

Ната́лья Петро́вна *(перебива́я её)*. Потому́ что чу́вствую свою́ вину́ ...

Ве́ра. В са́мом де́ле? То́лько поэ́тому ...

Ната́лья Петро́вна *(встаёт и сади́тся по́дле неё)*. Да кака́я же мо́жет быть друга́я причи́на?

Ве́ра. Ната́лья Петро́вна, не му́чьте меня́ бо́льше, не расспра́шивайте меня́ ...

Ната́лья Петро́вна *(вздохну́в)*. Ве́ра, ты, я ви́жу, не мо́жешь меня́ прости́ть.

Ве́ра. Вы сего́дня так до́бры и так мя́гки, потому́ что вы чу́вствуете себя́ люби́мой.

Ната́лья Петро́вна (в смуще́нии). Ве́ра!

Ве́ра (обора́чиваясь к ней). Что ж, ра́зве э́то не пра́вда?

Ната́лья Петро́вна (печа́льно). Пове́рь мне, мы о́бе с тобо́й равно́ несча́стны.

Ве́ра. Он вас лю́бит!

Ната́лья Петро́вна. Ве́ра, что нам за охо́та друг дру́га му́чить? Пора́ нам обе́им опо́мниться. Вспо́мни, в како́м я положе́нии, в како́м мы положе́нии о́бе. Вспо́мни, что об на́шей та́йне, по мое́й вине́, коне́чно, зна́ют уже́ здесь два челове́ка ... (Остана́вливается.) Ве́ра, вме́сто того́ чтобы терза́ть друг дру́га подозре́ниями и упрёками, не лу́чше ли нам вдвоём поду́мать о том, как бы вы́йти из э́того тяжёлого положе́ния ... как бы спасти́сь! Или ты ду́маешь, что я могу́ выноси́ть э́ти волне́нья, э́ти трево́ги? Или ты забы́ла, кто я? Но ты меня́ не слу́шаешь.

Ве́ра (заду́мчиво гляди́т на пол). Он вас лю́бит ...

Ната́лья Петро́вна. Ве́ра, он уе́дет.

Ве́ра (обора́чиваясь). Ах, оста́вьте меня́ ...

Ната́лья Петро́вна гляди́т на неё с нереши́тельностью. В э́то мгнове́ние в кабине́те раздаётся го́лос Исла́ева: «Ната́ша, а Ната́ша, где ты?»

Ната́лья Петро́вна (бы́стро встаёт и подхо́дит к две́ри кабине́та). Я здесь ... Что тебе́?

Го́лос Исла́ева. Поди́-ка сюда́, мне ну́жно тебе́ что́-то сказа́ть ...

Ната́лья Петро́вна. Сейча́с.

Она́ возвраща́ется к Ве́ре, протя́гивает ей ру́ку, Ве́ра не шевели́тся. Ната́лья Петро́вна вздыха́ет и ухо́дит в кабине́т.

Ве́ра (одна́, по́сле молча́нья). Он её лю́бит! ... И я должна́ оста́ться у ней в до́ме ... О! э́то сли́шком ... (Она́ закрыва́ет лицо́ рука́ми и остаётся неподви́жной.)

Из двери, ведущей в залу, показывается голова Шпигельского. Он осторожно оглядывается и подходит на цыпочках к Вере, которая его не замечает.

Шпигельский (постояв перед ней, скрестя руки и с язвительной улыбкой на лице). Вера Александровна! ... А Вера Александровна ...

Вера (подняв голову). Кто это? Вы, доктор ...

Шпигельский. Что вы, моя барышня, нездоровы, что ли?

Вера. Нет, ничего.

Шпигельский. Дайте-ка пощупать пульс. (Щупает у ней пульс.) Гм, что так скоро? Ах вы, барышня моя, барышня ... Не слушаетесь вы меня ... А уж, кажется, я на что вам добра желаю.

Вера (решительно взглянув на него). Игнатий Ильич ...

Шпигельский (проворно). Слушаю, Вера Александровна ... Что за взгляд, помилуйте ... Слушаю.

Вера. Этот господин ... Большинцов, ваш знакомый, точно хороший человек?

Шпигельский. Мой приятель Большинцов? Отличнейший, честнейший человек ... образец и пример добродетели.

Вера. Он не злой?

Шпигельский. Добрейший, помилуйте. Это не человек, это тесто, помилуйте. Только стоит взять да лепить. Такого добряка другого на свете днём с огнём не найти. Голубь, а не человек.

Вера. Вы за него ручаетесь?

Шпигельский (кладёт одну руку на сердце, а другую поднимает кверху). Как за самого себя!

Вера. В таком случае вы можете ему сказать ... что я готова за него замуж выйти.

148

Шпигельский *(с радостным изумлением).* Ой ли?

Вера. Только как можно скорее — слышите? — как можно скорее ...

Шпигельский. Завтра, если хотите ... Ещё бы! Ай да Вера Александровна! Молодец барышня! Я сейчас же к нему поскачу. То-то я его обрадую ... Вот какое неожиданное вышло обстоятельство! Ведь он в вас души не чает,[115] Вера Александровна ...

Вера *(с нетерпением).* Я у вас этого не спрашиваю, Игнатий Ильич.

Шпигельский. Как знаете, Вера Александровна; как знаете. А только вы будете с ним счастливы, вы будете меня благодарить, увидите ...

Вера делает опять нетерпеливое движение.

Ну, я молчу, я молчу ... Стало быть, я могу ему сказать ...

Вера. Можете, можете.

Шпигельский. Очень хорошо-с. Так я сейчас отправляюсь. До свиданья. *(Прислушиваясь.)* Кстати же, кто-то сюда идёт. *(Идёт в кабинет и на пороге делает про себя изумлённую гримасу.)* До свиданья. *(Уходит.)*

Вера *(глядя ему вслед).* Всё на свете скорей, чем здесь остаться ... *(Встаёт.)* Да; я решилась. Я не останусь в этом доме ... ни за что. Я не могу сносить её кроткого взора, её улыбки, я не могу видеть, как она вся отдыхает, вся нежится в своём счастии. Ведь она счастлива, как она там ни прикидывайся грустной и печальной ... Ее ласки мне нестерпимы ...

Из двери залы показывается Беляев. Он осматривается и подходит к Вере.

Беля́ев *(вполго́лоса)*. Ве́ра Алекса́ндровна, вы одне́?

Ве́ра *(огля́дывается, вздра́гивает и, помолча́в немно́го, произно́сит)*. Да.

Беля́ев. Я рад, что вы одне́ ... А то я не пошёл бы сюда́. Ве́ра Алекса́ндровна, я пришёл прости́ться с ва́ми.

Ве́ра. Прости́ться?

Беля́ев. Да, я уезжа́ю.

Ве́ра. Вы уезжа́ете? И вы уезжа́ете?

Беля́ев. Да ... и я. *(С си́льным вну́тренним волне́нием.)* Вот, ви́дите ли, Ве́ра Алекса́ндровна, мне нельзя́ здесь оста́ться. Моё прису́тствие уж и так здесь наде́лало мно́го бед. Кро́ме того́, что я, сам не зна́ю как, возмути́л ва́ше споко́йствие и споко́йствие Ната́льи Петро́вны, я ещё нару́шил стари́нные, дру́жеские свя́зи. По мое́й ми́лости господи́н Раки́тин уезжа́ет отсю́да, вы рассо́рились с ва́шей благоде́тельницей ... Пора́ прекрати́ть всё э́то. По́сле моего́ отъе́зда всё, я наде́юсь, опя́ть успоко́ится и придёт в поря́док ... Кружи́ть го́лову бога́тым ба́рыням и молоды́м де́вушкам не моё де́ло ... Вы обо мне позабу́дете и, мо́жет быть, со вре́менем ста́нете удивля́ться, как э́то всё могло́ случи́ться ... Меня́ да́же тепе́рь э́то удивля́ет ... Я не хочу́ вас обма́нывать, Ве́ра Алекса́ндровна: мне стра́шно, мне жу́тко здесь оста́ться ... Я не могу́ ни за что отвеча́ть ... Я, зна́ете ли, не привы́к ко всему́ э́тому. Мне нело́вко ... мне так и ка́жется, что все глядя́т на меня́ ... Да и наконе́ц мне невозмо́жно бу́дет ... тепе́рь ... с ва́ми обе́ими ...

Ве́ра. О, на мой счёт не беспоко́йтесь! Я недо́лго оста́нусь здесь.

Беля́ев. Как?

Ве́ра. Э́то моя́ та́йна. Но я вам не бу́ду меша́ть, пове́рьте.

150

Беля́ев. Ну вот, ви́дите, как же мне не уе́хать? Посуди́те са́ми. Я сло́вно чуму́ занёс в э́тот дом: все бегу́т отсю́да ... Не лу́чше ли мне одному́ исче́знуть, пока́ ещё есть вре́мя? Я сейча́с име́л большо́й разгово́р с господи́ном Раки́тиным ... Вы не мо́жете вообрази́ть, ско́лько бы́ло го́речи в его́ слова́х ... А он поде́лом подтруни́л над мои́м но́вым сюртуко́м ... Он прав. Да, я до́лжен уе́хать. Пове́рите ли, Ве́ра Алекса́ндровна, я не дождусь той мину́ты, когда́ я бу́ду скака́ть в теле́ге по большо́й доро́ге ... Мне ду́шно здесь, мне хо́чется на во́здух. Мне мо́чи нет, как го́рько и в то же вре́мя легко́,[116] сло́вно челове́ку, кото́рый отправля́ется в далёкое путеше́ствие, за мо́ре: ему́ то́шно расстава́ться с друзья́ми, ему́ жу́тко, а ме́жду тем мо́ре так ве́село шуми́т, ве́тер так свежо́ ду́ет ему́ в лицо́, что кровь нево́льно игра́ет в его́ жи́лах, как се́рдце в нём ни тяжело́ ... Да, я реши́тельно уезжа́ю. Верну́сь в Москву́, к свои́м това́рищам, ста́ну рабо́тать ...

Ве́ра. Вы, ста́ло быть, её лю́бите, Алексе́й Никола́ич; вы ее лю́бите, а ме́жду тем вы уезжа́ете.

Беля́ев. По́лноте, Ве́ра Алекса́ндровна, к чему́ э́то? Ра́зве вы не ви́дите, что всё ко́нчено. Всё. Вспы́хнуло и пога́сло, как и́скра. Расста́немтесь друзья́ми. Пора́. Я опо́мнился. Бу́дьте здоро́вы, бу́дьте сча́стливы, мы когда́-нибудь уви́димся ... Я вас никогда́ не забу́ду, Ве́ра Алекса́ндровна ... Я вас о́чень полюби́л, пове́рьте ... (*Жмёт ей ру́ку и приба́вляет поспе́шно.*) Отда́йте от меня́ э́ту запи́ску Ната́лье Петро́вне ...

Ве́ра (*с смуще́нием взгляну́в на него́*). Запи́ску?

Беля́ев. Да ... я не могу́ с ней прости́ться.

Ве́ра. Да ра́зве вы сейча́с уезжа́ете?

Беля́ев. Сейча́с ... Я никому́ ничего́ не сказа́л об э́том ...

151

исключа́я одного́ Миха́йла Алекса́ндрыча. Он одобря́ет меня́. Я отпра́влюсь отсю́да сейча́с пешко́м до Петро́вского. В Петро́вском я подожду́ Миха́йла Алекса́ндрыча, и мы вме́сте пое́дем в го́род. Из го́рода я напишу́. Мои́ ве́щи мне вы́шлют. Вы ви́дите, всё уже́ сла́жено … Впро́чем, вы мо́жете проче́сть э́ту запи́ску. В ней всего́ два сло́ва.

Ве́ра *(принима́я от него́ запи́ску).* И то́чно, вы уезжа́ете? …

Беля́ев. Да, да … Отда́йте ей э́ту запи́ску и скажи́те … Нет, не говори́те ей ничего́. К чему́? *(Прислу́шиваясь.)* Сюда́ иду́т. Проща́йте. *(Броса́ется к две́ри, остана́вливается на мину́ту на поро́ге и бежи́т вон.)*

Ве́ра остаётся с запи́ской в руке́. Из гости́ной выхо́дит Ната́лья Петро́вна.

Ната́лья Петро́вна *(подходя́ к Ве́ре).* Ве́рочка … *(Взгля́дывает на неё и остана́вливается.)* Что с тобо́й?

Ве́ра мо́лча протя́гивает ей запи́ску.

Запи́ска? … от кого́?

Ве́ра *(глу́хо).* Прочти́те.

Ната́лья Петро́вна. Ты меня́ пуга́ешь. *(Чита́ет про себя́ запи́ску и вдруг прижима́ет о́бе руки́ к лицу́ и па́дает на кре́сло.)*

До́лгое молча́ние.

Ве́ра *(приближа́ясь к ней).* Ната́лья Петро́вна …

Ната́лья Петро́вна *(не отнима́я рук от лица́).* Он уезжа́ет! … Он да́же не хоте́л прости́ться со мной … О! с ва́ми он по кра́йней ме́ре прости́лся!

Ве́ра *(печа́льно).* Он меня́ не люби́л …

Ната́лья Петро́вна *(отнима́ет ру́ки и встаёт).* Но он не име́ет пра́ва так уе́хать … Я хочу́ … Он не мо́жет так …

152

Кто ему́ позво́лил так глу́по перерва́ть ... Э́то презре́ние, наконе́ц ... Я ... почему́ он зна́ет, что я бы никогда́ не реши́лась ... *(Опуска́ется в кре́сло.)* Бо́же мой, Бо́же мой! ...

В е́ р а. Ната́лья Петро́вна, вы са́ми сейча́с мне говори́ли, что он до́лжен уе́хать ... Вспо́мните.

Н а т а́ л ь я П е т р о́ в н а. Вам хорошо́ тепе́рь ... Он уезжа́ет ... Тепе́рь мы о́бе с ва́ми равны́ ... *(Го́лос её перерыва́ется.)*

В е́ р а. Ната́лья Петро́вна, вы мне сейча́с говори́ли ... вот ва́ши со́бственные слова́: вме́сто того́ чтобы терза́ть друг дру́га, не лу́чше ли нам вдвоём поду́мать о том, как бы вы́йти из э́того положе́ния, как бы спасти́сь ... Мы спасены́ тепе́рь.

Н а т а́ л ь я П е т р о́ в н а *(почти́ с не́навистью отвора́чиваясь от неё)*. Ах ...

В е́ р а. Я понима́ю вас, Ната́лья Петро́вна ... Не беспоко́йтесь ... Я недо́лго бу́ду тяготи́ть вас свои́м прису́тствием. Нам вме́сте жить нельзя́.

Н а т а́ л ь я П е т р о́ в н а *(хо́чет протяну́ть ей ру́ку и роня́ет её на коле́на)*. Заче́м ты э́то говори́шь, Ве́рочка ... Неуже́ли и ты хо́чешь меня́ оста́вить? Да, ты права́, мы спасены́ тепе́рь. Всё ко́нчено ... всё опя́ть пришло́ в поря́док ...

В е́ р а *(хо́лодно)*. Не беспоко́йтесь, Ната́лья Петро́вна.

Ве́ра мо́лча гляди́т на неё. Из кабине́та выхо́дит Исла́ев.

Исла́ев *(посмотре́в не́которое вре́мя на Ната́лью Петро́вну, вполго́лоса Ве́ре)*. Она́ ра́зве зна́ет, что он уезжа́ет?

В е́ р а *(с недоуме́ньем)*. Да ... зна́ет.

Исла́ев *(про себя́)*. Да заче́м же э́то он так ско́ро ... *(Гро́мко.)* Ната́ша ... *(Берёт её за́ руку.)*

Она́ поднима́ет го́лову.

Это я, Наташа.

Она силится улыбнуться.

Ты нездорова, душа моя? Я бы посоветовал тебе прилечь, право ...

Наталья Петровна. Я здорова, Аркадий ... Это ничего.

Ислаев. Однако ты бледна ... Право, послушайся меня ... Отдохни немножко.

Наталья Петровна. Ну, пожалуй. (*Она хочет подняться и не может.*)

Ислаев (*помогая ей*). Вот видишь ...

Она опирается на его руку.

Хочешь, я тебя провожу?

Наталья Петровна. О! я ещё не так слаба! Пойдём, Вера. (*Направляется к кабинету.*)

Из залы входит Ракитин. Наталья Петровна останавливается.

Ракитин. Я пришёл, Наталья Петровна ...

Ислаев (*перебивая его*). А, Michel! поди-ка сюда! (*Отводит его в сторону — и вполголоса, с досадой.*) Зачем же ты ей всё сейчас так и сказал? Ведь я тебя, кажется, просил! К чему было торопиться ... Я застал её здесь в таком волнении ...

Ракитин (*с изумлением*). Я тебя не понимаю.

Ислаев. Ты сказал Наташе, что ты уезжаешь ...

Ракитин. Так ты полагаешь, что она от этого пришла в волнение?

Ислаев. Тссс! Она глядит на нас. (*Громко.*) Ты не идёшь к себе, Наташа?

Ната́лья Петро́вна. Да … я иду́ …

Раки́тин. Проща́йте, Ната́лья Петро́вна!

Ната́лья берётся за ру́чку две́ри — и ничего́ не отвеча́ет.

Исла́ев *(кладя́ ру́ку на плечо́ Раки́тину).* Ната́ша, зна́ешь ли, что э́то оди́н из лу́чших люде́й…

Ната́лья Петро́вна *(с внеза́пным поры́вом).* Да — я зна́ю, он прекра́сный челове́к — все вы прекра́сные лю́ди… все, все … и ме́жду тем …

Она́ вдруг закрыва́ет лицо́ рука́ми, толка́ет дверь коле́ном и бы́стро ухо́дит. Ве́ра ухо́дит за ней. Исла́ев сади́тся мо́лча у стола́ и опира́ется на ло́кти.

Раки́тин *(гляди́т не́которое вре́мя на него́ и с го́рькой улы́бкой пожима́ет плеча́ми).* Каково́ моё положе́ние? Сла́вно, не́чего сказа́ть! Пра́во, да́же освежи́тельно. И проща́ние-то каково́, по́сле четырёхле́тней любви́? Хорошо́, о́чень хорошо́, подело́м болту́ну. Да и, сла́ва Бо́гу, всё к лу́чшему. Пора́ бы́ло прекрати́ть э́ти боле́зненные, э́ти чахо́точные отноше́ния. *(Гро́мко Исла́еву.)* Ну, Арка́дий, проща́й.

Исла́ев *(поднима́ет го́лову. У него́ слёзы на глаза́х).* Проща́й, брат. А оно́, того́ … не совсе́м легко́. Не ожида́л, брат. Сло́вно бу́ря в я́сный день. Ну, переме́лется … мука́ бу́дет.[117] А всё-таки спаси́бо, спаси́бо тебе́! Ты — друг, то́чно!

Раки́тин *(про себя́, сквозь зу́бы).* Э́то сли́шком. *(Отры́висто.)* Проща́й.

Хо́чет идти́ в за́лу … Ему́ навстре́чу вбега́ет Шпиге́льский.

Шпиге́льский. Что тако́е? Мне сказа́ли, Ната́лье Петро́вне ду́рно …

Исла́ев *(встава́я).* Кто вам сказа́л?

Шпиге́льский. Де́вушка … го́рничная …

155

И с л а́ е в. Нет, э́то ничего́, до́ктор. Я ду́маю, лу́чше На-та́шу не беспоко́ить тепе́рь ...

Ш п и г е́ л ь с к и й. А ну и прекра́сно! *(Раки́тину.)* Вы, гово́рят, в го́род уезжа́ете?

Р а к и́ т и н. Да; по дела́м.

Ш п и г е́ л ь с к и й. А! по дела́м! ...

В э́то мгнове́ние из за́лы врыва́ются ра́зом А́нна Семёновна, Лизаве́та Богда́новна, Ко́ля и Шааф.

А́ н н а С е м ё н о в н а. Что тако́е? что тако́е? что с Ната́шей?

К о́ л я. Что с мама́шей? Что с ней?

И с л а́ е в. Ничего́ с ней ... Я сейча́с её ви́дел ... Что с ва́-ми?

А́ н н а С е м ё н о в н а. Да поми́луй, Арка́ша, нам сказа́ли, что Ната́ше ду́рно ...

И с л а́ е в. А вы напра́сно пове́рили.

А́ н н а С е м ё н о в н а. Заче́м же ты горячи́шься так, Ар-ка́ша? На́ше уча́стие поня́тно.

И с л а́ е в. Коне́чно ... коне́чно ...

Р а к и́ т и н. Одна́ко мне пора́ е́хать.

А́ н н а С е м ё н о в н а. Вы уезжа́ете?

Р а к и́ т и н. Да ... уезжа́ю.

А́ н н а С е м ё н о в н а *(про себя́).* А! Ну, тепе́рь я понима́ю.

К о́ л я *(Исла́еву).* Папа́ша ...

И с л а́ е в. Чего́ тебе́?

К о́ л я. Заче́м Алексе́й Никола́ич ушёл?

И с л а́ е в. Куда́ ушёл?

К о́ л я. Я не зна́ю ... Поцелова́л меня́, наде́л фура́жку и ушёл ... А тепе́рь час ру́сского уро́ка.

И с л а́ е в. Вероя́тно, он сейча́с вернётся ... Впро́чем, мо́ж-но за ним посла́ть.

Ракитин *(вполголоса Исляеву).* Не посылай за ним, Аркадий. Он не вернётся.

Анна Семёновна стара́ется прислу́шаться. Шпиге́льский ше́пчется с Лизаве́той Богда́новной.

Исла́ев. Это что зна́чит?

Раки́тин. Он то́же уезжа́ет.

Исла́ев. Уезжа́ет ... куда́?

Раки́тин. В Москву́.

Исла́ев. Как в Москву́! Да что, сего́дня с ума́ все схо́дят, что ли?

Раки́тин *(ещё пони́зив го́лову).* Ме́жду на́ми ... Ве́рочка в него́ влюби́лась ... Ну, он, как че́стный челове́к, реши́лся удали́ться.

Исла́ев, растопы́рив ру́ки, опуска́ется в кре́сла.

Ты понима́ешь тепе́рь, почему́ ...

Исла́ев *(вска́кивая).* Я? я ничего́ не понима́ю. У меня́ голова́ круго́м идёт. Что тут мо́жно поня́ть? Все улепётывают, кто куда́, как куропа́тки, а все потому́, что че́стные лю́ди ... И всё э́то ра́зом, в оди́н и тот же день ...

Анна Семёновна *(заходя́ сбо́ку).* Да что тако́е? Господи́н Беля́ев, ты говори́шь ...

Исла́ев *(нерви́чески кричи́т).* Ничего́, ма́тушка, ничего́! Господи́н Шааф, изво́льте тепе́рь заня́ться с Ко́лей вме́сто господи́на Беля́ева. Изво́льте увести́ его́.

Шааф. Злу́шаю-с ... *(Берёт Ко́лю за́ руку.)*

Ко́ля. Но, папа́ша ...

Исла́ев *(кричи́т).* Пошёл, пошёл!

Шааф уво́дит Ко́лю.

А тебя́, Раки́тин, я провожу́ … Я ло́шадь велю́ оседла́ть, бу́ду ждать тебя́ на плоти́не … А вы, ма́менька, пока́, ра́ди Бо́га, не беспоко́йте Ната́шу — да и вы, до́ктор … Матве́й! Матве́й! *(Ухо́дит поспе́шно.)*

А́нна Семёновна с досто́инством и гру́стью сади́тся. Лизаве́та Богда́новна стано́вится сза́ди её. А́нна Семёновна поднима́ет взо́ры к не́бу, как бы жела́я отчуди́ться от всего́, что происхо́дит вокру́г неё.

Шпиге́льский *(укра́дкой и лука́во Раки́тину)*. А что, Миха́йло Алекса́ндрыч, не прика́жете ли довезти́ вас на но́вой тро́ечке до большо́й доро́ги?

Раки́тин. А! … Ра́зве вы уже́ получи́ли лоша́док?

Шпиге́льский *(скро́мно)*. Я с Ве́рой Алекса́ндровной переговори́л … Так прика́жете-с?

Раки́тин. Пожа́луй! *(Кла́няется А́нне Семёновне.)* А́нна Семёновна, честь име́ю …

А́нна Семёновна *(всё так же вели́чественно, не поднима́ясь с ме́ста)*. Проща́йте, Миха́йло Алекса́ндрыч … Жела́ю вам счастли́вого пути́ …

Раки́тин. Поко́рно благодарю́. Лизаве́та Богда́новна …

Кла́няется ей. Она́ в отве́т ему́ приседа́ет. Он ухо́дит в за́лу.

Шпиге́льский *(подходя́ к ру́чке А́нны Семёновны)*. Проща́йте, ба́рыня …

А́нна Семёновна *(ме́нее вели́чественно, но всё-таки стро́го)*. А! и вы уезжа́ете, до́ктор?

Шпиге́льский. Да-с … Больны́е, зна́ете, того́-с. Прито́м же, вы ви́дите, моё прису́тствие здесь не тре́буется. *(Раскла́ниваясь, хи́тро щу́рится Лизаве́те Богда́новне, кото́рая отвеча́ет ему́ улы́бкой.)* До свида́нья … *(Убега́ет вслед за Раки́тиным.)*

А́нна Семёновна *(даёт ему́ вы́йти и, скрести́в ру́ки,*

мéдленно обращáется к Лизавéте Богдáновне). Что вы об э́том обо всём дýмаете, душá моя́, а?

Лизавéта Богдáновна *(вздохнýв).* Не знáю-с, что вам сказáть, Áнна Семёновна.

Áнна Семёновна. Слы́шала ты, Беля́ев тóже уезжáет ...

Лизавéта Богдáновна *(опя́ть вздохнýв).* Ах, Áнна Семёновна, мóжет быть, и мне недóлго придётся здесь остáться ... И я уезжáю.

Áнна Семёновна с невырази́мым изумлéнием гляди́т на неё, Лизавéта
    Богдáновна стои́т пéред ней, не поднимáя глаз.

1850

NOTES

1. *преферанс* Preference, a card-game resembling whist, in which trumps are determined by bidding, achieved widespread popularity in Russia in the 1840's.

2. *Ф червёх*, i.e. В червях. Throughout the play Herr Schaaf, a stock comic figure, speaks bad Russian with a strong German accent. One of the main features of his accent is the confusion of voiced and unvoiced consonants, for example, в and ф, д and т. E.g. фóземь (вóсемь), и дебéрь земь (и тепéрь семь), приклашáю (приглашáю).

3. *Monte-Cristo se redressa haletant* "Monte-Cristo jumped up panting." From the novel *Le comte de Monte-Cristo* by Alexandre Dumas père.

4. *А вот для чегó* "This is the reason."

5. *Мы егó, впрóчем, тóлько на лéтние мéсяцы взяли* "We have only taken him on for the summer months, by the way."

6. *на кондúцию* "as vacation work"

7. *с чегó вы ...* "why do you ..."

8. *Вы чтó-то мудренó говорúте* "You're being a bit too subtle for me"

9. *А мне что!* "What does that matter to me!"

10. *Что бы нам с вáми позаняться им* "What if you and I were to take him in hand?"

160

11. *Чужа́я душа́ — тёмный лес* "Someone else's soul is like a dark forest" (proverb)

12. *ce que vous êtes pour moi* "what you are for me."

13. *Игна́тий Ильи́ч прие́хали-с* Matvey uses the plural verb out of deference to a social superior. -с is short for суда́рь (sir) and was also a mark of deference. Cf. они́ мне дя́денька (note 110).

14. *Како́е в вы́игрыше!* "What do you mean, winning!"

15. *Всё вот э́тот злоде́й* "It's this villain all the time"

16. *возьмёт да умрёт* "goes and dies". Взять да (и) + verb describes a sudden or unexpected action, cf. note 107.

17. *бе́лые ка́пли* "white drops", i.e. a white medicine. Doctors usually prepared their own medicines, and identified them by names such as this: "white drops", "red drops" etc.

18. *Ну, и вы туда́ же!* "You are at it too!"

19. *Вот не ду́мал, не гада́л — цап-цара́п, расска́зывай* "Well, I never thought, I had no idea — and then you pounced, 'Tell us a story...'" Цап-цара́п comes from the verbs ца́пать and цара́пать.

20. *смешно́е смешно́му розь. Что́ для кого́* "There are different kinds of humour. Different kinds for different people." Розь is a popular form for ра́зница.

21. *вся́кому го́рю пособи́ть мо́жно* "never despair". Literally, "every misfortune can be helped". (popular saying)

22. *за чем бы де́ло ста́ло?* "what should hold the matter up?"

23. *с Бо́гом, под вене́ц!* "off with you, to the altar!" Под вене́ц literally, 'under the crown'. In the Russian Orthodox marriage ceremony, crowns are held over the heads of

161

the bride and bridegroom. С Бо́гом, cf. English 'God-speed'.

24. *как вдруг отку́да ни возьми́сь зае́зжий офице́р* "when suddenly out of the blue comes a visiting officer."

25. *С Верени́цыным, разуме́ется, то́тчас холе́ра* "Verenit-syn, of course, was at his wits' end"

26. *а она́ всё на своём* "she sticks to what she has said."

27. *Охо́та же вам так до́лго сиде́ть...* "You would sit so long..."

28. *За тобо́ю семь гри́вен, ба́тюшка* "You owe me seventy copecks, my man."

29. *Не всё тебе́ нас нака́зывать* "You don't have it all your own way." Literally "you can't punish us all the time".

30. *ви бефи́нден зи зих?* i.e. wie befinden Sie sich? "How are you?" This is printed in Cyrillic characters to show Shpigelsky's bad German pronunciation.

31. *Ja, ja, ja, jawohl, jawohl, sehr gut* "Yes, yes, yes, of course, of course, very well."

32. *На что́ тебе́ кле́ю?* "What do you want glue for?"

33. *Erlauben Sie* "Permit me."

34. *Kommen Sie* "Come."

35. *Morgen, morgen, Herr Schaaf, morgen* "Tomorrow, tomorrow, Herr Schaaf, tomorrow."

36. *Morgen, morgen, nur nicht heute, sagen alle faulen Leute* "Tomorrow, tomorrow, but not today, say all lazy people." The first lines of a poem by Christian-Felix Weise (1726–1804), which have become proverbial.

37. *Gnädige Frau* "Madam."

38. *Es ist unerhört* "This is unheard of."

39. *Mon enfant, vous feriez bien de mettre une autre robe pour le diner* "My child, you would do well to put on another dress for dinner."

40. *К чему́ лука́вить?* "What is the point of deception?": a quotation from Pushkin's *Евге́ний Оне́гин*, chapter 8, XLVII. Evgeny, who at first spurned Tatyana's love, has now discovered that he is in love with her. Meanwhile Tatyana has married someone else. Though she admits she still loves him, she declares her resolve to remain faithful to her husband:

> Я вас люблю́ (к чему́ лука́вить?)
> Но я друго́му отдана́;
> Я бу́ду век ему́ верна́.

41. *Кому́ что́* "You have to do what you're cut out for."

42. *во́ как* "and how." во is a popular form for вот.

43. *свое́й Антиго́ной* In Sophocles' tragedy Antigone, the daughter of Oedipus, acted as guide to her father after he had blinded himself.

44. *Вот по́сле э́того и занима́йся медици́ной, наде́йся на боле́знь да на безоби́дные дохо́ды!* "After that go and practise medicine, and rely on illness and blameless profits!"

45. *On n'entre pas comme cela dans une chambre ... Cela ne convient pas.* "You do not come into a room like that ... It is not done."

46. *пя́того два́дцать мину́т* "twenty past four." The usual word order would be два́дцать мину́т пя́того.

47. *allez en avant avec monsieur* "walk in front with monsieur."

163

48. *я ещё в самом прыску-с* "I am still in my prime."

49. *Das ist dumm* "That is silly."

50. *Что за охота?* "What did you want to do that for?"

51. *beau ténébreux*. An expression used in jest to describe a mysterious and melancholy young man. A suitable English equivalent would be 'my Byronic hero'.

52. *Вишь, немец!* "Just see what that German's like!"

53. *Не огонь горит ...* A Russian folk song. "It is not the fire burning, it is not the pitch boiling, but my heart is burning, not for father, not for mother, but for a beautiful girl." The first line refers to the pitch used to preserve wood, when making wheels, wooden buildings etc., and the fire on which the pitch was melted. The use of a negative image to reinforce the meaning, as in this song, is characteristic of Russian folk-songs and folk-poetry.

54. *Лень* "I can't be bothered."

55. *Это вы всё не то ...* "You just don't understand."

56. *ловелас* Lovelace, the hero (or villain) of Richardson's novel *Clarissa*, became proverbial as a seducer.

57. *Мне лень долго работать* "I can't be bothered to keep on working for a long time." (cf. note 54)

58. *так вот бы кстати* "so that would be just the right moment."

59. *Я до стихов не охотник* "I don't care much for poetry."

60. *хоть святых вон неси* "like nothing on earth." Literally, "take even the saints (i.e. icons) away."

61. *Я перевёл роман Поль де Кока Монфермельскую молочницу* Paul de Kock (1794—1871) was a prolific and very popular writer of light, rather erotic novels, set among

164

the Parisian lower middle classes. Turgenev is here using an episode from the life of the literary critic and за́падник Belinsky, who had translated Paul de Kock's *Madeleine* into Russian when he badly needed money. His French was most inadequate, and his translation full of mistakes.

62. *за пятьдеся́т рубле́й ассигна́циями* "for fifty roubles in notes." Ассигна́ции were paper money, first issued in 1769. Originally they could be exchanged on demand for copper or silver coins, but in 1786 convertibility to silver, and later to copper, was stopped, and their value dropped. Large issues during the Napoleonic wars made their value drop still further. Consequently fifty roubles in paper money were equivalent to a much smaller sum in coin. Ассигна́ции were abolished in 1843, that is soon after the action of this play.

63. *карт-вен-дис*, i.e. quatre-vingt-dix, "ninety."

64. *Жорж Санд* George Sand (1804—1876), the famous French novelist.

65. *Ему́, чай, смерть тепе́рь хо́чется побе́гать.* "I bet he's dying to run about now."

66. *Souvent femme varie* "Woman is fickle": a quotation from the beginning of King François I's song in Hugo's play *Le roi s'amuse*. It is quoted in *Le comte de Monte-Cristo* which Rakitin has been reading to Natalya Petrovna.

67. *Ба, ба, ба ... каки́ми судьба́ми?* "Well, well, well ... what brings them here?"

68. *Да и я сам того́-с* "Well, I myself er ..." *того* is a particle used in speech to fill in a gap caused by hesitation.

165

69. *я тóтчас оглóбли назáд* "Straightaway I turned the shafts round." In popular usage the verb is often omitted when the meaning is clear without it.

70. *попросúлся сторóнкой* "asked to go a long way round."

71. *Вы вот лýчше о чём подýмайте* "This is what you'd better be thinking about."

72. *не удáрьте лицóм в грязь* "don't make a mess of it."

73. *пятнáдцать вёрст с лúшком* "more than fifteen versts (ten miles)."

74. *где ж мне за вáми?* "what am I compared with you?"

75. *а уж там я пойдý. Уж там я кáк-нибудь сам* "and then I can get along. Then I'll manage somehow myself."

76. *за мной копéйки дóлгу не вóдится* "I don't owe anybody a copeck."

77. *бонжибáн* Bolshintsov's corruption of the French *bonvivant*.

78. *Я сам не слúшком горáзд насчёт францýзского диалéкта, а настóлько-то смыслю* "I'm not too hot at French myself, but I know that much."

79. *Сóбственно я в э́том дéле сторонá, конéчно* "Of course, this has really nothing to do with me."

80. *И охóта же вам былá ... взя́ться за э́то дéло* "What possessed you to take up this business?"

81. *Уж кóли в чём другóм, в женúтьбе-то не слéдует дуракáм хлеб отбивáть* "Whatever else we do, at least we mustn't take away the right of fools to get married."

82. *из златóго вéка Астрéи* Astraea, the Greek goddess of justice, lived among men in the golden age.

166

83. *то́лько что тря́пки не сосёт* "he has only just stopped sucking his dummy (literally, rag)." In peasant families it was customary to give babies a wet rag to suck to console them.

84. *А уж Большинцо́в на что соли́днее!* "And what could be more solid than Bolshintsov!"

85. *Две ры́жих на пристя́жке, гнеда́я в корню́!* "The two chestnuts as trace-horses, the bay in the shafts!" Bolshintsov is already looking forward to having his new troika.

86. *А! э́тот уе́здный Талейра́н ...* Talleyrand, the French diplomat (1754—1838) was such a master of intrigue that he retained power in several widely differing régimes.

87. *с Бо́гом* see note 23.

88. *Он в са́мой поре́* "He's just the right age."

89. *и собо́й не краса́вец* "and is no beauty." Cf. *она́ хороша́ собо́й* "she is pretty."

90. *как бишь его́?* "what is his name now?" The verb, зову́т, is understood.

91. *с чего́ она́ взяла́ ...* "what made her think that ..."

92. *да ва́м-то что?* "but what's that to you?"

93. *отку́да что взяло́сь!* "how did all this happen?"

94. *Ма́ло ли чего́ нет!* "What didn't I say!"

95. *кото́рый всё вре́мя не своди́л с неё взо́ра* "who has not taken his eyes off her all the time."

96. *Я жа́жду свобо́ды и поко́я* A free quotation from Lermontov's poem, *Выхожу́ оди́н я на доро́гу.*

97. *И что же я тут?* "And what has it to do with me?"

98. *как бы то ни бы́ло* "in any case."

99. *не видáть* "he's not to be seen."

100. *Он, конéчно, свой человéк* "of course, he's just like one of the family."

101. *У когó сы́пью, а у этúх у́мников всё язычкóм выхóдит, болтовнёй* "With some people it comes out in a rash, with these clever fellows in talk and chatter."

102. *Мнóго бýдете знать, до врéмени состарéетесь* "If you know too much, you'll grow old before your time" (popular saying).

103. *Это всё к вам нейдёт* "All that doesn't suit you." Нейдёт is a colloquial contraction of не идёт.

104. *Тó-то вот и есть* "There you are."

105. *Любéзный дóктор, я вас, прáво, óчень люблю ... у вас такóй злой язы́к ...* Shpigelsky is referring to Natalya Petrovna's remark in Act I, soon after his entry.

106. *чернозёмный такóй* "son of the soil." Чернозём means "black earth," i.e. the most fertile agricultural land of Russia.

107. *взял да мне в вóлосы рéдьку воткнýл* "went and stuck a radish in my hair." For взять да see note 16. Рéдька, large strong-flavoured summer-grown radish (biennial). Cf. редúска, small mild spring radish (annual).

108. *Ну, на э́тот раз кудá ни шло!* "Well, just this once, here goes!"

109. *Жил-был у бáбушки сéренький кóзлик ...* A well-known Russian nursery song.

110. *онú мне дя́денька* "he's my uncle." The plural is used out of respect for a superior, cf. note 13.

111. *как бишь егó* see note 90.

112. *Сло́вно гвоздь засе́л мне в го́лову* "It's as if a nail had been hammered into my head."

113. *как воды́ в рот набрала́* "I won't say another word."

114. *чужу́ю жизнь заеда́ть не годи́тся* "it is not right to ruin another person's life."

115. *он в вас души́ не ча́ет* "he worships you."

116. *Мне мо́чи нет, как го́рько и в то же вре́мя легко́* "I can't tell you how grieved I am, and at the same time light-hearted."

117. *переме́лется ... мука́ бу́дет* "it will all come right in the end." Literally, "it will be ground out ... it will turn into flour."

VOCABULARY

All the words occurring in this text are included in the vocabulary, with the exception of a very few of the most common words, such as pronouns and prepositions. Only the meanings suitable to the text are given.

Nouns ending in a soft sign are feminine, unless followed by *m.* (masculine).

Verbs are given in both aspects, unless the change of aspect considerably alters the meaning. The imperfective is given first and a reference made from the perfective form, where necessary, e.g. увидеть *see* видеть.

Most idiomatic expressions are listed in the vocabulary under the key word. Others will be found in the notes.

Abbreviations

acc.	accusative	*instr.*	instrumental
arch.	archaic	*m.*	masculine
coll.	colloquial	*n.*	neuter
dat.	dative	*pf.*	perfective aspect
dim.	diminutive	*pl.*	plural
f.	feminine	*prep.*	prepositional
fut.	future	*sht. fm.*	short form
gen.	genitive	*sing.*	singular
imp.	impersonal	*voc.*	vocative

170

A

а то or else
аванга́рд vanguard, front rank
авансце́на proscenium
аво́сь, *coll.* perhaps
алле́я avenue
а́лый scarlet
анекдо́т anecdote
аппети́т appetite
арьерга́рд rearguard

Б

ба well! (expression of surprise)
ба́бушка grandmother
бал ball
балова́ть/из- to spoil
ба́рин gentleman, master
ба́рыня mistress, madam
ба́рышня young lady
ба́тюшка father, my man, my dear
　fellow
　ба́тюшки! heavens!
бе́гать/по- — бежа́ть/по- to run,
　run about, run away
беда́ misfortune, trouble, calamity
　что за беда́ what does it matter?
бе́дность poverty
бе́дный poor
бедня́жка poor child, poor thing
бе́дствие disaster
бежа́ть *see* бе́гать
без + *gen.* without
безде́лица trifle
безжа́лостно ruthlessly
беззабо́тный light-hearted
безоби́дный blameless, inoffensive
безу́мие madness

бе́лка squirrel
бе́лый white
береги́тесь! look out!
берёза birch-tree
бесе́да conversation, talk
бескоры́стный disinterested
беспоко́йство anxiety
беспоко́ить/о- to worry
　-ся to trouble oneself
бессмы́сленный senseless, inane
бесспо́рно unquestionably
биллиа́рдная billiard-room
бить (бью, бьёшь)/по- to hit
　се́рдце бьётся the heart is beating
бишь now, then
бла́го good
бла́го, *coll.* since
благови́дный comely
благодари́ть/по- to thank
благода́рность gratitude
благода́рный (*sht. fm.* благода́рен,
　благода́рна) grateful
благода́рствуй, благода́рствуйте
　thank you
благоде́тель benefactor
благоде́тельница benefactress
благоразу́мный sensible
благоро́дный honourable
бледне́ть/по- to turn pale
бле́дный, бле́дненький pale
блеск brilliance
блесте́ть to shine, gleam
блин pancake
Бог (*voc.* Бо́же) God
　дай Бог God grant
　ра́ди Бо́га for heaven's sake
　сохрани́ Бог God preserve us

богáтый rich
бок side
болвáн blockhead
болéзненный sickly
болéзнь illness
болéть to hurt, ache
 у меня́ головá боли́т I have a headache
болтáть to chatter
болтовня́ chatter
болтýн chatterer
больни́ца hospital
бóльно, *coll.* very, awfully
больнóй ill
бóльший greater
большóй big, great
борóться (борю́сь, бóрешься) to struggle
борьбá struggle
боя́ться (бою́сь, бои́шься) to be afraid
брак marriage
брани́ть/вы́- to scold
брат (*pl.* брáтья) brother
брáтец my friend
брать (берý, берёшь)/взять (возьмý, возьмёшь) to take
 брать пóд руку to take someone's arm
брáться/взя́ться за + *acc.* to take up
брéзгать/по- + *instr.* to despise
бровь brow
бросáть/брóсить to throw, to put away

бросáться/брóситься to rush
 бросáться в глазá to stand out, catch the eye
брыкáть/за-, брыкнýть to kick
бýдто as if
бýдущее, бýдущность the future
бýдущий future
бумáга paper
бýря storm
бывáть to happen, to be
бы́стро quickly

В

вáжность importance, pompousness
вáжный important
вбегáть/вбежáть to run in
вдвоём together
вдруг suddenly
вéдать, *arch.* to know
ведýщий leading
ведь why, well, you know
вéжливость politeness
вéжливый polite
вездé everywhere
век age
велéть to order
 нам вéлено we have been ordered
вели́кий great, big
вели́чественно majestically
венéц beam; crown
 под венéц to the altar
Венéция Venice
верёвка string
вéрить/по- to believe
 мне не вéрится I do not believe
вернýться *see* возвращáться
вéрный right, correct

172

вероя́тно probably
верста́ verst (about 2/3 mile)
верте́ться to fidget, to hang about
верху́шка tree-top
весели́ться/по- to enjoy oneself
ве́село: мне ве́село I am cheerful
весёлость gaiety
весёлый cheerful
ве́тер wind
ве́чер evening, party
   ве́чером in the evening
ве́чно eternally, for ever
вещь thing
   ве́щи things, luggage
ве́ялка winnowing-machine
взад и вперёд to and fro, back and
   forth
взаи́мный mutual
взволно́ванный excited
взгляд look
   с пе́рвого взгля́да at first glance
взгля́дывать/взгляде́ть to look
вздор nonsense
вздох sigh
вздра́гивать/вздро́гнуть to shudder
взду́мать, *pf.*, взду́маться, *pf.*,
   imp., + *dat.* to take it into one's
   head to
вздыха́ть/вздохну́ть to sigh
взро́слый grown up
взыска́тельный exacting
взы́скивать/взыска́ть to be exacting
взять *see* брать
взя́ться *see* бра́ться
вид air, look, expression, sight
вида́ть/по-, у- to see

ви́деть/у- to see
ви́деться/с-, у- to see one another
ви́димо obviously
ви́дно clearly
вина́ fault
вини́ть to blame
винова́т sorry, to blame
винто́вка rifle
винто́вочный (adj.) rifle
вист whist, game!
вистова́ть to partner someone in a
   game
вишь!, *coll.* look!
вкус taste
вку́сно tastily, well
власть power
влюбля́ться/влюби́ться в + *acc.* to
   fall in love with
влюблёнс/влюблена́ in love
вме́сте together
вме́сто + *gen.* instead of
вме́шиваться/вмеша́ться to interfere
внеза́пный sudden
внима́ние attention
внима́тельно attentively
вну́тренний inner, internal
внуша́ть/внуши́ть to inspire
во́все не not at all
вода́ water
води́ться to be found
возбужда́ть/возбуди́ть to arouse
возвраща́ться/верну́ться, воро-
   ти́ться to return
во́здух air
   на во́здухе in the fresh air
вози́ться to fuss around
во́зле + *gen.* by the side of

возмо́жность possibility
возмуща́ть/возмути́ть to revolt, disturb
возня́ trouble
возобновля́ть/возобнови́ть to resume
возража́ть/возрази́ть to contradict
возраста́ющий rising, increasing
войти́ *see* входи́ть
вокру́г + *gen.* around
волк wolf
волне́ние, -ье agitation
волнова́ть/вз- to excite
во́лосы, *pl.* hair
волочи́ться за + *instr.*, *arch.* to court
во́ля freedom, will
    на во́ле at liberty
воображáть/вообрази́ть to imagine
вообще́ in general
вопро́с question
ворва́ться *see* врыва́ться
воркова́ть (ворку́ю, ворку́ешь) to coo
вороти́ться *ree* возвраща́ться
ворча́ть to growl, grumble
восвоя́си, *coll.* home
во́семь eight
воск wax
воспита́ние, -ье education, upbringing
воспи́таница ward
воспи́тываться/воспита́ться to be brought up, to be educated
воспо́льзоваться *see* по́льзоваться
воспомина́ние memory, impression
восьмо́й eighth

вот here is, this is, well
    во́т тебе́ на́! well really!
воткну́ть *see* втыка́ть
вперёд in front
впечатле́ние impression
    производи́ть/произвести́ впечатле́ние to make an impression
вполго́лоса in an undertone
впра́ве *see* пра́во
впро́чем however, by the way
вре́мя time
    тем вре́менем meanwhile
вро́де + *gen,* like, in the nature of
врыва́ться/ворва́ться to burst in
всё everything, all the time
    всё друго́е everything else
    всё равно́ it doesn't matter
всё-таки, всё-же still, nevertheless
всегда́ always
вска́кивать/вскочи́ть to jump up
вслед + *dat.* after
всле́дствие + *gen.* as a result of
вслух aloud
вспомина́ть/вспо́мнить to remember
вспы́хивать/вспы́хнуть to flare up
встава́ть/встать to get up
встрево́женный agitated
встреча́ть/встре́тить, -ся to meet
вступле́ние, -ье start
вся́кий each, every, any
вся́чески in every way
втори́чный second
    втори́чно for the second time
второ́й second
    во-вторы́х secondly
втыка́ть/воткну́ть to thrust into

входи́ть/войти́ to enter, go into

вчера́ yesterday

вы́беленный whitewashed

выбира́ть/вы́брать to choose

выве́дывать/вы́ведать to worm out

вывози́ть/вы́везти to take out

выгля́дывать/вы́глянуть to peep out

выгова́ривать/вы́говорить to pronounce

вы́говор accent

вы́годно favourably

выгоня́ть/вы́гнать to turn out

выдава́ть/вы́дать за́муж за + acc. to give in marriage

выдава́ть/вы́дать себя́ to give oneself away

выжива́ть/вы́жить из ума́ to become a dotard

выздора́вливать/вы́здороветь to recover

вызыва́ть/вы́звать на дуэ́ль to challenge to a duel

вы́игрыш winning, victory

в вы́игрыше? have you won?

вы́йти see выходи́ть

вылечивать/вы́лечить to cure

выма́нивать/вы́манить to trick, wheedle

вымеща́ть/вы́местить to avenge, vent

вынима́ть/вы́нуть to take out

выноси́ть/вы́нести to bear, stand

вынужда́ть/вы́нудить to force

выпрямля́ть/вы́прямить to draw oneself up

выража́ться/вы́разиться to express oneself

выраже́ние expression

выраста́ть/вы́расти (*past* вы́рос) to grow up

вырыва́ть/вы́рвать to snatch away

выска́зывать/вы́сказать to express -ся to speak out

выслу́шивать/вы́слушать to listen

высо́кий high, tall

выставля́ть/вы́ставить to stick out

вы́сший higher

высыла́ть/вы́слать (*fut.* вы́шлю, вы́шлешь) to send out

вы́учить see учи́ть

выходи́ть/вы́йти to go out, happen

выходи́ть за́муж за + acc. to marry (a man)

что из э́того мо́жет вы́йти what can come of it

вычи́тывать/вы́читать to find out

вышива́ть/вы́шить (по канве́) to embroider

Г

гада́ть/у- to guess

га́дливость nastiness

га́снуть (*past* гас, га́сла)/по- to go out, be extinguished

гвоздь, *m.* nail

где where, how

гла́вный chief, principal, main

гла́вное the main thing

гла́дить/по- to stroke, caress

глаз (*pl.* глаза́) eye

глото́к draught

глубо́кий deep

глу́пый stupid
глухо́й expressionless
гляде́ть/по-, гляну́ть to look, glance
глядь! well! just look! (expression of surprise)
гнеда́я bay (horse)
говори́ть/по- to say, speak
год year
годи́ться/при- to suit, be suitable
голова́ head
приходи́ть/прийти́ в го́лову to enter one's head
голо́дный hungry
го́лос voice
го́лубь, *m.* pigeon, dove
голу́бушка (*dim. of* го́лубь) pigeon, my dear
го́лый bare
гора́зд, *coll.* clever, good at
гора́здо much
го́рдый proud
го́ре misfortune, sorrow
горе́ть to burn
го́речь bitterness
го́рничная chambermaid
горшо́к pot
го́рький bitter
горячи́ться/раз- to get angry, excited
горя́чий hot
горя́чка fever
Госпо́дь the Lord
Го́споди! Lord!
господи́н (*pl.* господа́) Mr., gentleman
гости́ная drawing-room

гость guest
в гостя́х on a visit
гото́вый ready
гра́бить/о- to rob
грешно́ wrong
гре́шный sinner
гриб mushroom
гри́вна (*gen. pl.* гри́вен) ten-copeck piece
грима́са grimace
гроза́ storm
грози́ть (грожу́, грози́шь)/по- to threaten
гро́мко loudly
гро́мче louder
грош half-copeck piece
гру́бый coarse, rude
грудь breast, chest
гру́стный sad
грыб *see* гриб
губа́ lip
губи́ть/по- to ruin
гуверна́нтка governess
гуверн ёр tutor
гуля́ть/по- to go for a walk

Д

да yes, but
дава́ть/дать to give, to let
дава́ть себе́ отчёт to realize
давно́ a long time ago, for a long time
да́же even
да́лее further
далёкий distant
да́ма lady
да́ром что although

176

два, две two
два́дцать twenty
дверь door
две́сти two hundred
дви́гаться/дви́нуться to move
движе́ние movement
двух *see* два, две
деви́ца girl, spinster
де́вочка little girl
девчо́нка, *coll.* girl, wench
де́йствие act, action
действи́тельно really
де́йствовать to act
   де́йствующие ли́ца dramatis per-
   sonae
декора́ция décor, scene
де́лать/с- to do, make
   -ся to happen, become
деле́ц business-man
делика́тность delicacy
де́ло affair, business, matter
   в са́мом де́ле indeed, really
   в чём де́ло? what's the matter?
   по дела́м on business
   то и де́ло perpetually, incessantly,
   again and again
   то ли де́ло that's a different matter
де́льный capable, sensible
де́льце (*dim. of* дело) business
день, *m.* day
   на днях recently
де́ньги, *pl.* (*gen.* де́нег) money
дёргать/дёрнуть to pull
дере́вня country, village
де́рево (*pl.* дере́вья) tree
держа́ть/по- to hold, keep

де́рзкий insolent
де́скать, *coll.* they say, he says, etc.
   (in reported speech)
де́сять ten
де́тство childhood
дива́н sofa
дико́винка rarity, wonder
   мне э́то в дико́винку it's so
   strange for me
дипломати́ческий diplomatic
дире́кция direction
дитя́, *n.* (*pl.* де́ти) child
дичи́ться/по- to be shy
дичо́к an unsociable person
для + *gen.* for
до + *gen.* before, to
   до того́ стра́нный so strange
   ему́ не до меня́ he has no time for
   me
доброде́тель virtue
доброду́шие good humour
доброду́шный good-natured
до́брый good, kind
добря́к, *coll.* good-natured fellow
добыва́ть/добы́ть to gain, acquire,
   earn
дове́ренность confidence, trust
дове́рие confidence
дове́рчивый confiding, trusting
доверя́ть/дове́рить to trust
доводи́ть/довести́ to drive
дово́льно rather, enough
дово́льный pleased
дога́дываться/догада́ться to guess
догова́ривать/договори́ть to finish
   speaking
до́ждик (*dim. of* дождь, *m.*) rain

дожида́ться/дожда́ться to wait for
дойти́ *see* доходи́ть
дока́зывать/доказа́ть to prove
дока́нчивать/доко́нчить to finish
докла́дывать/доложи́ть to announce
долг duty
до́лгий long
до́лго for a long time
долговя́зый lanky
долгоно́сый long-nosed
должно́ быть it must be
доложи́ть *see* докла́дывать
дом house, household
до́мик, доми́шко little house
доноси́ть/донести́ to carry up to
доро́жка path
доса́да vexation, spite, annoyance
доса́дный annoying
   мне доса́дно I am sorry
достава́ть/доста́ть to get
досто́инство dignity, merit
досю́да, *coll.* here
дохо́д income, receipt
доходи́ть/дойти́ до + *gen.* to reach
   до чего́ я дошла́? what have
   I come to?
дочь (*gen.* до́чери) daughter
дра́ться/по- to fight
дрожа́ть/дро́гнуть to tremble
друг (*pl.* друзья́), дружо́к friend
друг дру́га each other
друго́й other
дру́жба friendship
дружи́ться/по- to become friends
дуб oak

ду́мать/по- to think
   поду́маешь just think of it
дура́читься/по- to play the fool
дурно́й bad
   ей ду́рно she is ill
дуть (ду́ю, ду́ешь) to blow
   -ся to be sulky
дух spirit, mood
   в ду́хе in good humour
   не в ду́хе out of sorts
духо́вная will
душа́ soul, serf
   душа́ моя́ my dear
ду́шный stuffy
   мне ду́шно I am suffocating
дуэ́ль duel
дя́дя, дя́денька uncle

Е

едва́ scarcely, hardly
е́дкость bitterness
е́здить — е́хать/по- to go, travel
е́сли if
есте́ственный natural
есть there is, there are
есть/съ- to eat
ещё still, yet, again
   ещё бы yes, of course
   ещё не not yet

Ж

жа́ждать + *gen.* to thirst for
жа́ловать/по- to come
   добро́ пожа́ловать welcome
   -ся to complain
жа́лость pity

жаль a pity
  её было жаль нам we were sorry
  for her
жар ardour, zeal
жара heat
жаркий hot
  мне жарко I am hot
жать (жму, жмёшь)/по- to press,
  shake (hands)
жгучий burning
ждать/подо- to wait (for)
желание wish
желать/по- to wish (for)
железный iron
жёлтый, жёлтенький yellow
жёлчь gall, bile
желудок stomach
жеманиться to mince
жеманно mincingly
жена wife
женитьба marriage
жениться на + prep. to marry (a
  woman)
жених suitor
женский female, woman's
жертвовать/по- + instr. to sacrifice
жестокий cruel
живой living, alive
живость animation, eagerness
жидкий liquid, watery
жизнь life
жила vein
житель, m. resident
жить/про- to live
  жил-был there lived
жмёт see жать
жужжание buzzing

журавль, m. crane
журнал magazine
жутко: мне жутко I am terrified

3

забавлять/забавить to amuse
забавник, coll. entertaining person,
  joker
забавный amusing, funny
забирать/забрать to grip, interest
заботиться/по- to be concerned,
  care about
заботливость solicitude
забрыкать see брыкать
забывать/забыть to forget
забываться/забыться to forget oneself
завидовать/по- to envy
завладеть, pf. to take possession of
завтра tomorrow
заговор plot
задавать/задать to set, give
  задать вопрос to ask a question
задача task, problem
задумчиво thoughtfully
задумываться/задуматься to be
  thoughtful
заезжать/заехать to call on
заезжий passing
заигрывать/заиграть to outplay, to
  beat
закатывать/закатить глаза to roll
  one's eyes
заключать/заключить to deduce,
  conclude
закрывать/закрыть to cover
зала outer room

заливаться/залиться to burst out
заливаться слезами, смехом to burst into tears, burst out laughing
заложенный mortgaged
заматерелый, *arch.* chronic
заменять/заменить to replace
замереть *see* замирать
заметный noticeable, obvious
замечание remark
замечательный remarkable
замечать/заметить to notice, to point out
замешательство embarrassment
замешиваться/замешаться, *coll.* to be involved, mixed up in
замешкаться, *pf.*, *coll.* to linger, to be late
заминать/замять to cut short
замирать/замереть to die away, to be terrified
замолвить слово, словечко to put in a word
замочить *see* мочить
замужняя женщина married woman
занемогать/занемочь to fall ill
занимать to interest
заниматься/заняться, по- to occupy oneself, to look after, to study
заносить/занести to bring
занятие occupation, pursuit
занятой occupied, busy
запирать/запереть to close
записка note
заплакать *see* плакать
запрещать/запретить to forbid

запугивать/запугать to frighten, intimidate
запутаться *see* путаться
заражать/заразить to infect
заробеть *see* робеть
зародыш bud
заслуживать/заслужить to win, deserve
заставать/застать to find
заставлять/заставить to make, force
застенчивый shy
зато on the other hand
затоплять/затопить to flood
затруднение difficulty
затылок back of the head
затягивать/затянуть to tighten
захлопотаться, *perf.* to be run off one's feet
заходить/зайти to call, pass
захотеть *see* хотеть
зачем why
защищать/защитить to defend
звать (зову, зовёшь)/по- to call
как её зовут? what is her name?
звонить/по- to ring
звонкий rich, sonorous
здесь here
здешний, *adj. from* здесь
здешние места these parts
здороваться/по- to greet
здоровый healthy, well
здоровье health
как ваше здоровье? how are you?
здравствуй, здравствуйте how do you do

здра́вый смысл common sense, senses
зелёненький pale
зелёный green
земля́ earth
зе́ркало mirror
злато́й век golden age
зли́ться на + acc. to be vexed
злоде́й rascal
злой malicious, ill-natured
злю́щий spiteful
змей kite
знава́ть, *frequentative form of* знать to know
знако́миться/по- to become acquainted
знако́мство acquaintance
знако́мый acquainted, acquaintance
зна́тный noble, illustrious
знать to know
знать, *coll., arch.* it seems
значе́ние, -ье meaning, importance
зна́чить to mean
зо́лото gold
зо́нтик parasol, umbrella
зря́чий sighted
   глаза́ зря́чие sharp eyes
зуб tooth

И

игла́ needle
игра́ть/сыгра́ть to play
из-за + *gen.* from behind, because of
избалова́ть *see* балова́ть
избега́ть/избе́гнуть, избежа́ть to avoid

изве́стный well-known
извине́ние pardon
извиня́ть/извини́ть to excuse, forgive
  -ся to apologize
изво́льте have the goodness to, very well
изгла́живать/изгла́дить to efface, erase
излия́ние effusion, outpouring
изменя́ться/измени́ться to change
изне́женный effeminate
и́зредка from time to time
изрыва́ть/изорва́ть to tear
изумле́ние astonishment
изумлённый surprised
изуча́ть/изучи́ть to study
изы́сканный refined, exquisite
изя́щно elegantly
име́ние estate
имени́ны name-day
и́менно exactly, just
име́ть to have
и́мя name
   под и́менем by the name of
ина́че otherwise, differently
иногда́ sometimes
ино́й other, some
иро́ния irony
иска́ть (ищу́, и́щешь)/сыска́ть to look for
исключа́я except
и́скра spark
и́скренний sincere
и́споведь confession
исподло́бья frowning

исполня́ть/испо́лнить to carry out, fulfil

испу́г fright

испуга́ть(ся) *see* пуга́ть

испы́тывать/испыта́ть to experience

истерза́ть *see* терза́ть

исчеза́ть/исче́знуть (*past* исчёз, исчёзла) to disappear

ита́к so

К

к чему́ why

кабине́т study

каблу́к, каблучо́к heel

кабы́, *coll.* if

ка́ждый every, each

каза́ться/по- to seem

  ка́жется, кажи́сь, *coll.* it seems

как how, as, than

как бу́дто as if

как же to be sure

как ... ни however

как сле́дует properly

как бы ... не lest

како́в like

  како́в! what!

како́й what, how

како́й-то some

ка́мень, *m.* stone

ка́менный stone

ка́пля drop

капри́з caprice

каранда́ш pencil

карма́н pocket

ка́рточный стол card table

каса́ться/косну́ться to concern, to touch on

  что каса́ется (до) ... as far as ... is concerned

кача́ть/по- to shake

каче́ли swing

ка́чество quality

ка́яться/по- to confess

кви́нта fifth (in music)

  он нос на кви́нту пове́сил he is down in the dumps

кива́ть/кивну́ть to nod

кипе́ть to boil

кирпи́чный brick (*adj.*)

ки́сло bitterly

кладова́я store-room

кла́няться/поклони́ться to bow

класть (кладу́, кладёшь)/положи́ть to place

клей glue

клю́чница housekeeper

кля́сться (кляну́сь, клянёшься)/по- to swear

кни́га, кни́жка book

княги́ня princess (wife of князь)

когда́ when

когда́-нибудь sometime, once

ко́злик little goat

кой-ка́к somehow

колеба́ться/по- to hesitate

коле́но knee

ко́ли if

коло́нна column

коло́ть to taunt

коля́ска carriage

коме́дия comedy

ко́мната room

компаньо́нка companion
коне́ц end
коне́чно of course
конча́ть/ко́нчить to finish
кончи́на death
коню́шня stable
копа́ть, копа́ться to dig, delve
копа́ч, *arch.* navvy
ко́рень, *m.* root
   в корню́ in the shafts (middle horse in a troika)
корзи́нка basket
корми́ть/на- to feed
коро́ва cow
коросте́ль, *m.* corncrake
ко́рча spasm, convulsion
кото́рый who, which
ко́шка cat
край edge, country
краса́вец handsome man
кра́ска colour
красне́ть/по- to blush
красноре́чие, -ье eloquence
кра́сный, кра́сненький red, beautiful
красота́ beauty
кре́пкий strong
кре́сло armchair
крести́ться/пере- to make the sign of the Cross
крестья́нка peasant-woman
крити́ческий critical
крича́ть/кри́кнуть to call
кровь blood
кро́ме + *gen.* apart from
кро́ткий gentle
кру́глый round

круго́м around
кру́жево lace
кружи́ть го́лову + *dat.* to turn someone's head
кру́пный big
кры́ша roof
кста́ти by the way, just at the right moment, opportune, opportunely
кто, кто тако́й who
кто́-нибудь someone, anyone
куда́ whither, where, why
кули́сы wings (theatre)
куль, *m*, sack
куропа́тка partridge
куса́ть/укуси́ть, куса́ться to bite
куст bush
куха́рка cook
ку́чер coachman
ку́шанье food
ку́шать/по- to eat

Л

лад: оно́ всё прихо́дится под лад it is all turning out well
ладо́нь palm, flat of the hand
   я́сный как на ладо́ни as clear as daylight
ла́зить — лезть/по- to climb
ла́ска caress
ласка́ть to caress
ла́сковый affectionate, tender
лгать/со- to tell a lie
лёгкий easy, light, slight
ле́гче easier, lighter
   от э́того им не ле́гче they are none the better for it
лезть/по- *see* ла́зить

лейка watering-can
лекарша doctor's wife
лекарь, *arch.*, *m.* doctor
ленивый lazy
лениться to be lazy
лень laziness
лепить/вы- to mould
лес wood, forest
лестница staircase
лестный flattering
    мне лестно I am flattered
летний summer (*adj.*)
лето summer, year
    в твои лета at your age
лечить to treat (medically)
либо ... либо either ... or
липа lime-tree
лист (*pl.* листья) leaf
литература literature
лить/на- to pour
лиха беда начать it's the first step
    that counts
лицо, личико face
личина, *arch.* mask
лишать/лишить to deprive
лишний excessive
лишь бы provided
лоб forehead
ловить/поймать to catch, hunt
ловкий adroit, agile
ловко cleverly, comfortable
    вам ловко you are at ease
ложь deceit, lie
локоть (*pl.* локти) elbow
ломаться, *coll.* to pose
лопата spade
лоскуток scrap

лошадь horse
луг meadow
лук bow
лук onion
лукавить/с- to act in an underhand
    manner, deceive
лукаво slyly
луч ray
лучше better, rather
льстить/по- to flatter
любезность compliment
любезный amiable
любить to love, like
любовь love
любопытный interesting, curious,
    inquisitive
любопытство curiosity
люди people, servants
людская servants' quarters

М

мак poppy
малейший least
маленько, *coll.* a little
малина raspberries
малинник raspberry-bushes
мало little
малый fellow
мальчик boy
мамаша, маменька mother
матушка mother, mama, my dear
    lady
мать mother
махать/махнуть + *instr.* to wave
махнуть, *pf.*, *coll.* to go off
мгновение, -ье moment
медленно slowly

между between, among

   между тем meanwhile

   между нами between ourselves

мелкий small, fine, petty, insignificant

мелочь trifle, detail

менее less

мереть (3rd person *pl.* мрут), *coll.* to die off

место place

месяц month

мечтать/по- to dream

мешать/по- to hinder, prevent

мешаться/с- to meddle

мешкать, *coll.* to delay

мигать/мигнуть to wink

милость favour

   по моей милости thanks to me

милый nice, kind

мимо past

мирный peaceful

мнение, -ье opinion, mind

много much, many

могучий powerful, rich

может быть perhaps

можно it is possible, one may

мол, *coll.* they say (in reported speech)

молодёжь youth, young people

молодец! bravo!

молодой young

молодость youth

моложе younger

молочница dairymaid

молча silently

молчаливый taciturn

молчание silence

молчать/по-, про- to be silent

моргать/моргнуть to blink

море sea

морщить/на- to wrinkle, pucker

мочить/за- to wet

мочь (могу, можешь; *past* мог, могла) to be able

   как можете? how are you?

мрачно gloomily

мрут *see* мереть

мудрено strange

муж husband

мужик peasant

музыка music

мука flour

мучить/по- to torture, torment

мысленно mentally

мысль thought

мыться (моюсь, моешься)/вы-, по- to wash

мышка: под мышку, мышкой under one's arm

мышонок little mouse

мышь mouse

мягкий soft

Н

на днях recently

набирать/набрать to gather

наблюдатель observer

наблюдательный observant

наблюдать to observe, watch

наверное for certain

навёртываться/навернуться to well up

наверх upstairs

навсегда for ever

навстре́чу towards
навя́зчивый importunate
навя́зываться/навяза́ться to ob-
trude, force oneself on somebody
нагиба́ться/нагну́ться to bend
надева́ть/наде́ть to put on
наде́жда hope
надёжный reliable
наде́лать, *pf.* to do a lot of, make,
cause
наде́яться to hope, to rely on
на́добно necessary
что тебе́ на́добно? what do you
want?
надоеда́ть/надое́сть to bore
вы мне надоели I am tired of you
наедине́ alone
наза́д back
тому́ наза́д ago
называ́ть/назва́ть to call
называ́ться to be called
найти́ *see* находи́ть
нака́зывать/наказа́ть to punish
накану́не the day before, on the eve
накла́дывать/наложи́ть to put on
накло́нность inclination
наконе́ц at last
накра́пывать to spot with rain
нале́во on the left
нали́чные де́ньги ready money
намёк hint, insinuation
намека́ть/намекну́ть to hint
наме́рен: я наме́рен I intend to
наме́рение intention
с наме́рением intentionally
наморщи́ть *see* морщи́ть
нанима́ть/наня́ть to engage, to hire

напева́ть/напе́ть to sing, hum
наперёд beforehand
напосле́дях, *arch., coll.* for the last
time
направле́ние direction
направля́ться/напра́виться to go
towards
напра́во on the right
напра́сно in vain, to no purpose,
needlessly
наприме́р for example
напро́тив on the contrary
наро́д people
наруша́ть/нару́шить to break
наси́лу with difficulty
наскво́зь through
наску́чить, *pf., coll.,* + *dat.* to bore,
tire
наставле́ние admonition
наста́внический didactic
наста́ивать/настоя́ть to insist
насто́лько so much
насторо́же on the look-out
настоя́щий real
насчёт concerning, about
Ната́шин Natasha's
нату́ра nature
натя́нутый forced
научи́ться *see* учи́ться
находи́ть/найти́ to find
находи́ться to be
нача́ло beginning
начина́ть/нача́ть to begin
не́бо sky
небольшо́й small, short
небо́сь probably
небре́жно carelessly

небре́жность carelessness
небыва́лый unparalleled
неве́жливость bad manners
неве́ста bride
неви́нность innocence
неви́нный innocent
невозмо́жный impossible
нево́льный involuntary
невы́годный unfavourable
невырази́мо inexpressibly, unutterably
негодова́ть to be indignant
неда́вно recently
недове́рчивый incredulous
недово́льный displeased
недоразуме́ние misunderstanding
недоста́ток fault, shortcoming
недосто́йный unworthy
недосту́пный inaccessible
недоумева́ть to be perplexed
недоуме́ние perplexity
недурно́й not bad
не́житься to bask
не́жный tender
нездоро́вый ill
нездоро́вье ill health
неизве́стность ignorance
не́когда once, there is no time to
не́который some
некста́ти untimely
не́кто a certain
нело́вкий clumsy, awkward
   мне нело́вко I am ill at ease
нельзя́ it is impossible, one cannot
не́мец German
немилосе́рдно mercilessly
немно́жко a little

ненави́деть/воз- to hate
не́нависть hatred
необразо́ванный uneducated
необходи́мость necessity
необходи́мый essential
необыкнове́нный unusual, extraordinary
неожи́данный unexpected
неосторо́жный indiscreet
неотсту́пно importunately
неподви́жный motionless
непосре́дственный spontaneous
непра́вда untrue
непреме́нно without fail
непривы́чка lack of habit
неприли́чно improper
непринуждённость lack of constraint
неприя́тность unpleasantness
неприя́тный unpleasant
нерв nerve
нерви́ческий nervous
нереши́мость indecision
нереши́тельно hesitantly
неро́вный uneven
несказа́нно unutterably
не́сколько several, somewhat, a little
несмотря́ на + acc. in spite of
несно́сный intolerable
несокруши́мый indestructible
нестерпи́мый unbearable
несчастли́вый unhappy
несча́стье disaster
нет, не́ту there is not
нетерпели́вый impatient
нетерпе́ние impatience

187

неудово́льствие displeasure

неужёли? really?

неумёстный out of place

нехорошо́ bad

не́чего: нечего дёлать there is nothing to be done, nothing to do

нечего беспокоиться there is no need to worry

ни за что́ not for anything

ни ... ни neither ... nor

низёхонько, *dim.* low

низпоклонство obsequiousness

ника́к нет not in the least

никако́й no

никогда́ never

нипочём: это ему́ нипочём that is child's play to him

нискОлько not in the least

нить thread

ничего́ nothing

ни́щий beggar

новичо́к beginner

но́вость piece of news

но́вый new

нога́ leg, foot

нос, но́сик nose

нрав disposition, temper

нра́виться to please

он мне нра́вится I like him

ну, ну вот well

ну его́! blow him, bother him!

нужда́ need

нужда́ться to need

ну́жно necessary

нутро́: inside

я ей не по нутру́ I am not to her liking

ныть (3rd *person sing.* но́ет) to ache

ню́хать/по- to sniff

ню́хать таба́к to take snuff

ня́ня nurse

О

о, об + *prep.* about

о́ба, о́бе both

обвиня́ть/обвини́ть to blame

обду́мывать/обду́мать to think over

обе́д dinner

обе́дать/по- to dine

обеща́ние promise

обеща́ть to promise

обжига́ть/обжёчь to burn

обижа́ться/оби́деться to be offended

оби́женный offended

обиняки́, *coll.* circumlocution

говори́ть без обиняко́в not to beat about the bush

облу́пленный peeling off

обма́нывать/обма́нуть to deceive

о́бморок fainting-fit

па́дать/упа́сть в о́бморок to faint

обнима́ть/обня́ть to embrace, put one's arm around

обмыва́ться/обмы́ться to be washed

обойти́сь *see* обходи́ться

обора́чиваться/оберну́ться to turn round

обра́довать *see* ра́довать

о́браз manner

образе́ц model

обраща́ть/обрати́ть to turn
обраща́ть внима́ние to pay attention
обраща́ться/обрати́ться к + *dat.* to turn to, to address
— с + *instr.* to treat
обраще́ние treatment, behaviour
обреми́зиться *see* реми́зиться
обры́в precipice
обстоя́тельство circumstance
обсужда́ть/обсуди́ть to consider
обходи́ться/обойти́сь с + *instr.* to treat
обхожде́ние manners, temper
объясне́ние, -ье explanation
объясне́ние в любви́ declaration of love
объясня́ть/объясни́ть to explain
-ся to explain oneself
объясня́ться в любви́ to declare one's love
объя́тие embrace
обыва́тель inhabitant
обя́зан obliged
обя́занность duty
огло́бля shaft
огля́дываться/огляну́ться to look round
ого́нь (огня́), *m.* fire
огорча́ть/огорчи́ть to distress
одеколо́н eau-de-Cologne
оди́н, одна́, одно́, одни́ one, only
одна́жды once
одна́ко however
одобре́ние approval
одобря́ть/одо́брить to approve of

одолева́ть/одоле́ть to overcome, conquer
одолже́ние, -ье service
сде́лайте одолже́ние please do
оживля́ться/оживи́ться to brighten
ожида́ть to expect
озабо́ченный pre-occupied, anxious
ока́нчивать/око́нчить to finish
окиса́ть/оки́снуть (*past* оки́с, оки́сла) to become slack
окно́ window
оконча́тельно finally
око́нчить *see* конча́ть
оне́, *arch.*, *f.*, *for* они́
опа́здывать/опозда́ть to be late
опа́сность danger
опа́сный dangerous
опира́ться/опере́ться на + *acc.* to lean on
опо́мниться, *pf.* to come to one's senses
опо́ра support
опра́вдывать/оправда́ть to justify
опуска́ть/опусти́ть to lower
о́пыт experience
опя́ть again
оранжере́я conservatory
освежи́тельный refreshing
оседла́ть *see* седла́ть
осека́ться/осе́чься (*past* осе́кся) to fail
оскорбля́ть/оскорби́ть to offend, hurt
осле́пнуть *see* сле́пнуть
осма́триваться/осмотре́ться to look round
основа́ние foundation

особа person
особенно especially
особенность: в особенности in particular
особенный special
оставаться/остаться to remain, stay
оставлять/оставить to leave
останавливать/остановить, -ся to stop
осторожно carefully, discreetly
осторожность caution
осторожный careful
отведывать/отведать to taste
ответ answer
отвечать/ответить to answer
  отвечать за + *acc.* to be responsible for
отводить/отвести в сторону to take aside
отворачиваться/отворотиться, отвернуться to turn away
отвыкать/отвыкнуть to get out of the habit
отдавать/отдать to give
  -ся + *dat.* to give oneself up to
отдалённо remotely
отделываться/отделаться от + *gen.* to get rid of
отдыхать/отдохнуть to rest
отец father
отзываться/отозваться to speak of, give an opinion of
отказывать/отказать + *dat.* to refuse, to dismiss
отказываться/отказаться от + *dat.* to give up

откладывать/отложить to put off, postpone
откровенность frankness
откровенный frank
открывать/открыть to open, to discover
открытый open
откуда where from, whence
отличный excellent
отложить *see* откладывать
отнимать/отнять to take away
относить/отнести to take
отношения relations, respects
отправляться/отправиться to set off, go off
отроду, *coll.* never in one's life
отрывисто abruptly
отряхивать/отряхнуть to shake
отсидеть to have pins and needles
отсрочка respite
отставка retirement, dismissal
отступать/отступить to fall back
отсутствие absence
отсюда from here
отталкивать/оттолкнуть to push away, repel
оттого-то for some reason
оттого, что because
отчего why
отчёт account
  давать себе отчёт в + *prep.* to realize
отчуждаться/отчудиться от + *gen.* to hold oneself aloof from
отъезд departure
отыгриваться/отыграться to win back one's losses

отыскивать/отыскать to find
офицер officer
ох! oh!, ah!
охота wish, desire
   что за охота? why on earth?
охота hunting, shooting
охотник sportsman (who shoots game), a lover of something
оценивать/оценить to appreciate, esteem
очень very, very much
очернить *see* чернить
ошибаться/ошибиться (*past* ошибся, ошиблась) to be mistaken, make a mistake

П

падать/пасть, упасть to fall
палец finger
память memory
пансион boarding-school
папаша papa, daddy
пара pair
   под пару well matched
паралич paralysis
пахнуть/за- to smell
пахучий sweet-scented
педантизм pedantry
пенять/по-, на- + *acc.* to reproach, blame
первый first
   во-первых firstly
перебивать/перебить to interrupt
переводить/перевести to translate
переговаривать/переговорить to talk something over
перед + *instr.* before, in front of
передавать/передать to convey, tell

передряга trouble, row
передразнивать/передразнить to mimic
пережидать/переждать to allow to pass
   переждать дождь to wait for the rain to stop
переламывать/переломить себя to force oneself
перелистывать/перелистать to look through, turn the pages
перемена change
переменять/переменить to change
   переменить разговор to change the subject
переносить/перенести to endure
перепугать, *pf.* to give someone a fright
перерывать/перервать to break
перескакивать/перескочить to jump across
переставать/перестать to stop
перешёптываться to whisper to one another
персик peach
песня, песенка song
песок sand
петлица buttonhole
петь (пою, поёшь)/с- to sing
печальный mournful, sad
пешком on foot
писать/на- to write
письмо letter
пить (пью, пьёшь)/вы- to drink
плавать — плыть (плыву, плывёшь)/по- to swim

плáкать (плáчу, плáчешь)/за-, по-
  to cry
плáменный ardent
платóк handkerchief
плáтье dress
племя́нница niece
плести́/с- to weave
плечó shoulder
плоти́на dam
плóтник carpenter
плохóй bad
плут rogue
по + acc. up to; + dat. along,
  about, in, each
по-вáшему in your way, as you
  wished
по-и́хнему, coll. in their way
по крáйней мéре at least
по-немéцки in German
по-обыкновéнному as usual
по-прéжнему as before
побáиваться/побоя́ться to be a bit
  afraid of
побéгать, побежáть see бéгать
поведéние behaviour, manner
повéрить see вéрить
пóвесть story
повиновáться to obey
пóвод reason
поворáчиваться/повернýться to
  turn
повторя́ть/повтори́ть to repeat
погáснуть see гáснуть
погибáть/поги́бнуть (past поги́б,
  поги́бла) to perish, to be lost
поги́бель, coll. ruin
поглядéть see глядéть

погля́дывать, to look
поговори́ть see говори́ть
погóда weather
погоди́ть, pf., coll. to wait a little
погуби́ть see губи́ть
подавáть/подáть to serve, pass
  -ся назáд to draw back
подберéзник brown-cap boletus
  (kind of edible fungus found near
  birch-trees)
подбирáть/подобрáть to pick up
поддáкивать, coll. to say yes all the
  time
поддéрживать/поддержáть to support
поделóм rightly, deservedly
  поделóм емý! serve him right!
подкрáдываться/подкрáсться to
  creep up to
пóдле + gen. beside
поднимáть/подня́ть to raise
  -ся to rise, get up
подноси́ть/поднести́ to bring, offer
подóбный similar, of this kind
пододвигáться/пододви́нуться to
  move up
подождáть see ждать
подозревáть to suspect
подозрéние suspicion
подозри́тельно suspiciously
подойти́ see подходи́ть
подпи́сывать/подписáть to sign
подпускáть/подпусти́ть to admit
подсылать/подослать to send (secretly)
подтрýнивать/подтрýнить над
  + instr. to make fun of

подумать *see* думать
подурачиться *see* дурачиться
подходить/подойти к + *dat.* to go up to
подходить к ручке, *arch.* to kiss somebody's hand
поездка trip
пожаловать *see* жаловать
пожалуй perhaps
пожалуйста please
пожать *see* жать
пожертвовать *see* жертвовать
поживать to live
как вы поживаете? how are you?
пожимать/пожать to press
пожимать плечами to shrug one's shoulders
позабывать/позабыть, *coll.* to forget
позавидовать *see* завидовать
позаняться *see* заниматься
позвать *see* звать
позволение, -ье permission
позволять/позволить to permit
позвольте allow me
позвонить *see* звонить
поздравлять/поздравить to congratulate
познакомиться *see* знакомиться
поймать *see* ловить
пока meanwhile, while
пока ... не until
показаться *see* казаться
показывать/показать to show
покаяться *see* каяться
поклонение adoration
поклониться *see* кланяться

покой peace
покойница dead woman, the late …
покойный calm
будьте покойны don't worry
покорный obedient, submissive
покупать/купить to buy
пол sex
пол floor
полагать/положить to consider, think
положим let us suppose
полагаться на + *acc.* to rely on
полезный useful
полезть *see* лазить
полно stop
полноте stop, that's enough
полный complete, full
половина half
половина второго half past one
положение position
положительный positive
полтораста a hundred and fifty
полупризнание half-confession
получать/получить to get, receive
полчаса half an hour
польза good, use
в пользу in favour of
пользоваться/вос- to make use of, take advantage of
полька polka
польстить *see* льстить
полюбить, *pf.* to grow to love
помаленьку so-so
помешать *see* мешать
помещать/поместить to put, place
помещик landowner

193

поми́луйте! for goodness sake! really!
по́мнить to remember
  по́мнится as I remember
помога́ть/помо́чь to help
помолча́ть *see* молча́ть
по́мощь help
пому́чить *see* му́чить
понаслы́шке by ear
понижа́ть/пони́зить to lower
понима́ть/поня́ть (*fut.* пойму́, поймёшь) to understand
понра́виться *see* нра́виться
поню́хать *see* ню́хать
поня́тливый intelligent, quick-witted
поочерёдно in turns
поощря́ть/поощри́ть to encourage
попада́ть/попа́сть to hit
попада́ться/попа́сться to be caught
поправля́ть/попра́вить to straighten, put right
попроси́ть(ся) *see* проси́ть
пора́ time, it is time to
  до сих пор until now, hitherto
  с каки́х пор since when
  с тех пор, как since
  с не́которых пор for some time
порабощённый enslaved
поража́ть/порази́ть to surprise
поро́г threshold
поро́к vice
по́рох gun powder
поруча́ть/поручи́ть to entrust
  -ся to vouch for
поруче́ние errand, commission
поры́в fit, passion
поря́док order

поря́дочно fairly, rather
поря́дочный respectable, quite a
посеща́ть/посети́ть to call, visit
поскака́ть, *pf.* to gallop off
посла́ть *see* посыла́ть
по́сле + *gen.* after
после́дний last, worst
после́дствие consequence
послужи́ть *see* служи́ть
посма́тривать/посмотре́ть to look
пособля́ть/пособи́ть, *coll.*
посове́товать *see* сове́товать
поспева́ть/поспе́ть to keep up
поспе́шно hurriedly
посре́дник intermediary, mediator
посре́дничество mediation
посто́й, посто́йте, *coll.* wait, wait a little, stop
постоя́нный constant
постоя́ть за себя́ to be able to take care of oneself
постро́йка building
поступа́ть/поступи́ть to act
  -ся + *instr.* to treat
посты́дный shameful
посуди́ть *see* суди́ть
посыла́ть/посла́ть to send
потака́ть, *coll.* + *dat.* to give way to
потеря́ться *see* теря́ться
потолкова́ть, *pf.* to have a talk
потоло́к ceiling
пото́м then
потому́ so
потому́ что because
потупля́ть/поту́пить глаза́ to cast down one's eyes

поутру́ in the morning
пофинти́ть *see* финти́ть
похвала́ praise
похлопота́ть *see* хлопота́ть
похо́жий на + *acc.* like
похоро́нен buried
поцелова́ть *see* целова́ть
почему́ why, how
почита́ть/поче́сть to esteem, consider
почита́ть *see also* чита́ть
почте́ние, -ье respect
   нижа́йшее почте́нье humble respects
почте́ннейший most respected
почти́ almost
почу́вствовать *see* чу́вствовать
по́шлый banal, commonplace
пощу́пать *see* щу́пать
появля́ться/появи́ться to appear
пра́вда truth, it is true
   не пра́вда ли? is not that so?
   по пра́вде сказа́ть to tell the truth
пра́вило rule, principle
пра́во right, really, indeed
   име́ть пра́во, быть впра́ве to have the right
пра́ктика practice
превосхо́дный excellent
предви́деть to foresee
предводи́тель leader
   — дворя́нства marshal of the nobility
предлага́ть/предложи́ть to offer
предложе́ние, -ье proposal, proposition

предме́т subject
предполага́ть/предположи́ть to suppose
предположе́ние, -ье conjecture, supposition
предпочита́ть/предпоче́сть to prefer
предпочте́ние preference
представля́ть/предста́вить to represent, present
   предста́вить себе́ to imagine
предуведомля́ть/предуве́домить to warn
предупрежда́ть/предупреди́ть to warn
пре́жде before
пре́жний former
презира́ть/презре́ть to despise
презре́ние contempt
презри́тельный contemptible
преиму́щество advantage
прекра́сный beautiful, excellent
прекраща́ть/прекрати́ть to stop
пре́лесть charm, delightful
препя́тствовать/вос- to obstruct, stand in the way of
прескве́рный very bad
пресле́довать to persecute, be hard on
преспоко́йно quite calmly
преувеличе́ние exaggeration
преувели́чивать/преувели́чить to exaggerate
префера́нс preference (a card-game)
при + *prep.* at, in the presence of
прибега́ть/прибе́гнуть to have recourse to

приближа́ться/прибли́зиться к + *dat.* to approach
приве́т greeting, welcome
приводи́ть/привести́ to lead
привози́ть/привезти́ to bring
привыка́ть/привы́кнуть (*past* привы́к, привы́кла) to grow accustomed to, to be used to
привы́чка habit
привя́зывать/привяза́ть to fasten
-ся to become attached to
приглаша́ть/пригласи́ть to invite, call on
приготовле́ние, -ье preparation
приготовля́ться/пригото́виться to prepare
придава́ть/прида́ть to give
придво́рный courtly
приди́рчивый fault-finding
приду́мывать/приду́мать to think, think up, imagine
при́дурь imbecility
с при́дурью a bit crazy
приеда́ться/прие́сться to pall
прие́зд arrival
приезжа́ть/прие́хать to come
прижима́ть/прижа́ть к + *dat.* to press to
признава́ться/призна́ться to admit, confess
призна́ться I must admit
призна́ние confession
прийти́ *see* приходи́ть
прика́зывать/приказа́ть to order
прики́дываться/прики́нуться to pretend to be

прикла́дывать/приложи́ть to lay, place
прилежа́ние diligence, application
приле́чь, *pf.* to lie down for a while
прили́чный proper
приме́р example
приме́рный exemplary
принадлежа́ть to belong
принима́ть/приня́ть to assume, take on
-ся за to set about, undertake, take up, start
принужда́ть/прину́дить to force
принужде́ние constraint
принуждённый forced
припа́док fit
припи́сывать/приписа́ть to ascribe, put down to
приподнима́ться/приподня́ться to rise a little
приро́да nature
приса́живаться/присе́сть (прися́ду, прися́дешь) to take a seat
приседа́ть/присе́сть to curtsey
присла́ть *see* присыла́ть
прислоня́ть(ся)/прислони́ть(ся) to lean
прислу́живать + *dat.* to wait on
прислу́шиваться/прислу́шаться to listen
пристава́ть/приста́ть to become, suit
при́стально intently, fixedly
пристра́ивать/пристро́ить to add to a building, to build on
пристя́жка: на пристя́жке in traces
пристяжна́я side-horse, trace-horse (of a troika)

196

прису́тствие presence
присыла́ть/присла́ть to send
притво́рный feigned
притворя́ться/притвори́ться to pretend
притесни́тельный tyrannical
прито́м besides, at the same time
при́тча parable
что за при́тча! what a fuss!
приходи́ть/прийти́ to come
прийти́ в себя́ to come to oneself
приходи́ться to be related to
причи́на reason
причиня́ть/причини́ть to cause
прия́тель, прия́тельница friend
прия́тный pleasant
про + acc. about
про себя́ to oneself
проба́лтываться/проболта́ться to give oneself away
пробыва́ть/пробы́ть to stay
проводи́ть/провести́ to spend (time)
проводи́ть руко́й по лицу́ to pass one's hand over one's face
провожа́ть/проводи́ть to see off
прово́рный nimble, agile, alert
прогу́лка walk
продава́ть/прода́ть to sell
продолжа́ть/продо́лжить, -ся to continue
продолже́ние continuation
прожи́ть see жить
произноси́ть/произнести́ to pronounce
происходи́ть/произойти́ to take place

происхожде́ние origin, birth
пройти́ see проходи́ть
прока́зы antics, tricks
прокля́тый accursed
промолчать see молчать
проница́тельный shrewd, perspicacious
проны́ра, coll., intrusive person, busybody
про́пасть a lot of, precipice
пропи́сывать/прописа́ть to prescribe
проси́ть/по- to ask
-ся to ask permission
прослы́ть see слыть
прости́ть see проща́ть
прости́ться see проща́ться
про́сто simply, just
просто́й simple, ordinary
протанцева́ть see танцева́ть
про́тив + gen. against
проти́вный contrary
в проти́вном слу́чае otherwise
протя́гивать/протяну́ть to stretch out
проха́живаться/пройти́сь to walk up and down
проходи́ть/пройти́ to pass
проче́сть see чита́ть
про́чие others
прочь: я не прочь I am not averse to
проше́дшее past
про́шлый last
проща́йте! goodbye
проща́ние farewell
проща́ть/прости́ть to forgive

прощаться/проститься to say good-bye
проще simpler
прощение forgiveness
проявляться/проявиться to be shown, to appear
пруд pond
прыгать/прыгнуть to jump
прятать(ся) (прячу(сь), прячешь-(ся))/с- to hide
прямо straight, straight ahead
птенец fledgeling
пугать/ис-, пере- to frighten
-ся to take fright
пульс pulse
пускать/пустить to fly (a kite)
пустой empty
пусть let, may
пустяк trifle
пустяки nonsense
путаться/за- to become entangled, to contradict oneself
путешествие journey
путь (пути), m. way
желаю вам счастливого пути I wish you a good journey
пухлый puffy
пчела bee
пытать/по- to torture
пятнадцать fifteen
пять five
пятьдесят fifty

Р

работа work
рабочий worker
рабство slavery

равно equally
равно как as much as
равнодушие indifference
равнодушный indifferent
рад glad
я рад вам I am glad to see you
ради + gen. for the sake of
ради Бога! for heaven's sake!
радовать/об- to gladden
радостный joyful
радость joy
раз time, once
не раз more than once
ни разу not once
разбивать/разбить to break, ruin
разбирать/разобрать to appraise, analyze
разве really, unless
развязно in a free and easy manner
развязность ease
разглашать/разгласить to proclaim
разговаривать to talk, converse
разговор conversation
разговориться, pf. to indulge in talk
разгораться/разгореться to blaze, to be enflamed
раздаваться/раздаться to be heard, to resound
раздирать/разодрать to tear apart
раздражение, -ье irritation
раздражённый irritated
раздражительный irritable
раздушенный perfumed
разница difference
разом at once
разрыв rupture

разуме́ется of course
разы́грывать/разыгра́ть to perform, play
ра́на wound
раска́иваться/раска́яться в + prep. to repent
раскла́ниваться/раскла́няться to bow, take one's leave
раскрасне́ться, pf. to go red in the face
раскрыва́ть/раскры́ть to open
располо́жен disposed
расположе́ние favour, inclination
расположе́ние ду́ха mood, humour
распуха́ть/распу́хнуть (past распу́х, распу́хла) to swell
рассе́ивать/рассе́ять to scatter
рассерди́ться see серди́ться
рассе́янный absent-minded
расска́з story
расска́зывать/рассказа́ть to tell, relate
рассма́тривать/рассмотре́ть to examine
рассмеши́ть see смеши́ть
рассмея́ться, pf. to laugh, burst out laughing
рассо́риваться/рассо́риться с + instr. to fall out with
расспра́шивать/расспроси́ть to question
расстава́ться/расста́ться to part
рассуди́тельный reasonable
рассуди́ть see суди́ть
рассу́док reason, sense
рассужде́ние discussion

рассчи́тывать/рассчита́ть на + acc. to count on
раста́птывать/растопта́ть to trample
растворя́ться/раствори́ться to be opened
растопы́ривать/растопы́рить руки to stretch out one's arms
расходи́ться/разойти́сь to disperse, spread
расшиба́ться/расшиби́ться to hurt oneself
расти́/вы́- to grow
рвать/со- to pick
ребёнок child
ребя́чество childishness
ревни́вый jealous
ревнова́ть (ревну́ю, ревну́ешь)/при- к + dat. to be jealous of
ре́вность jealousy
ре́дкий rare
ре́дька radish
резви́ться to frolic
ре́зко sharply
ремесло́ trade
реми́з fine (at cards)
поста́вить реми́з to pay a fine
реми́зиться/об- to incur a fine (by not getting enough tricks)
ретиво́е heart (in folk poetry)
речь speech
реша́ть/реши́ть to decide
реше́ние decision
реши́тельно decidedly, absolutely, definitely
ри́мский Roman
риск risk

рисова́ть/на- to draw
рису́нок drawing
робе́ть/за- to feel shy
ро́бкий timid
ро́бость shyness, timidity
ров ditch
ро́вный even
род kind, family
роди́тель parent
роди́ться, *pf.* to be born
рома́н novel
романти́ческий romantic
роня́ть/урони́ть to drop
рост growing
ро́щица spinney
ружьё gun
рука́ hand, arm,
    под рукус arm in arm with
ру́сский Russian
руча́ться/поручи́ться to guarantee
ру́чка hand, handle
ры́жий chestnut
рыск *see* риск
ря́дом с + *instr.* beside

С

с + *acc.* about; + *gen.* from, since;
    + *instr.* with
    что с ней? what is the matter with
    her?
сад garden
сади́ться/сесть (ся́ду, ся́дешь) to
    sit down
    сесть на́ ноги to go lame
садо́вник gardener
садо́вый garden (*adj.*)
сам, сама́, са́ми himself, herself, etc.
    вы са́ми you yourself

самолю́бие pride
сближа́ться/сбли́зиться to come
    closer together, become friends
сближе́ние rapprochement, intima-
    су
сбо́ку sideways
сбра́сывать/сбро́сить to throw off
сва́дьба wedding
сва́таться/по- to seek in marriage
све́жесть freshness
све́жий fresh
свет world, light
светле́ть/по- to brighten
све́тлый bright
свеча́ candle
    ри́мская свеча́ Roman candle
свида́ние meeting
    до свида́ния goodbye
свиде́тель, *m.* witness
свихну́ться, *pf.* to go off one's head
свобо́да freedom
свобо́дный free
своенра́вный self-willed, capricious
свой my (own), his (own) etc.
связь tie
    дру́жеские свя́зи ties of friendship
сгова́риваться/сговори́ться to ma-
    ke arrangements
сде́латься *see* де́латься
сду́ру, *coll.* foolishly
сего́дня today
сего́дняшний today's
седла́ть/о- to saddle
сейча́с immediately, just now
семе́йство family
семна́дцать seventeen
се́ни, *pl.* entrance

серди́ть/рас- to anger
  -ся to be angry
се́рдце heart, feeling
се́рый, се́ренький grey
серьёзный serious
сестра́ sister
сесть *see* сади́ться
сеть net
сиде́ть to sit
си́ла strength, force
си́литься to try
си́льный strong
сирота́ orphan
сия́ние radiance
ска́зывать/сказа́ть to tell, to say
скака́ть to gallop
ска́лить зу́бы to grin
скамья́, скаме́йка bench
сквозь + *acc.* through
склоня́ть/склони́ть to bend, drop
ско́лько as far as, how many, how
  much
  ско́лько тебе́ лет? how old are
  you?
скла́дывать/сложи́ть to fold
сконча́ться, *pf.* to die
скоре́е, скоре́й quicker, sooner
  как мо́жно скоре́е as quickly as
  possible
  скоре́й чем rather than
ско́ро quickly, soon
скре́щивать/скрести́ть to cross
скро́мность discretion
скро́мный modest
скрыва́ть/скрыть to hide
скры́тность reticence
скры́тый furtive

ску́ка boredom
скупо́й mean
скуча́ть to be bored
ску́чный boring
  мне ску́чно I am bored
сла́бость weakness
сла́бый weak
сла́ва Бо́гу! thank goodness!
сла́вный nice, splendid
сла́дко sweetly
сла́живать/сла́дить to cope with,
  to arrange
слегка́ slightly
след trace, footstep
следи́ть за + *instr.* to follow, watch
сле́довать: сле́дует + *dat.* one
  ought to
  как сле́дует properly
слеза́ tear
сле́пнуть/о- to go blind
слепо́й blind
сли́шком too, too much
сло́вно as if, like
сло́во, слове́чко word
сложе́ние build
сложи́ть *see* скла́дывать
слуга́ servant
служа́нка maid-servant
служи́ть/по- + *dat.* to serve
  ни к чему́ не послу́жит will be of
  no use at all
слу́чай case, chance
случа́ться/случи́ться to happen
слу́шать/по- to listen
  слу́шаю-с I obey
слу́шаться/по- to obey
слыть/про- to pass for

201

слыха́ть/у-, *coll.* to hear
слы́шать/у- to hear
сме́лость courage
сме́лый bold
смерка́ться/сме́ркнуться to grow
  dark
сме́ртный mortal
смерть death, terribly
сметь/по- to dare
смех laughter
  поднима́ть на́ смех to hold up to
  ridicule
сме́шиваться/смеша́ться to be embarrassed
смеши́ть/рас- to make someone
  laugh
смешно́й funny, ridiculous
смея́ться/по- to laugh
  — над + *instr.* to make fun of
смире́нный humble
сми́рный quiet
смола́ pitch, tar
сморка́ться/вы́-, сморкну́ться to
  blow one's nose
смотре́ть/по- to look
смуща́ть/смути́ть to embarrass
смуще́ние embarrassment
смысл sense
  здра́вый смысл common sense
смы́слить, *coll.* to understand
смышлёный intelligent
снима́ть/снять to take off
снисходи́тельный forbearing, in-
  dulgent
сно́ва again
сноси́ть/снести́ to bear, put up with
сно́сный bearable

сноше́ния pl. relations
собира́ться/собра́ться to gather, to
  be going to
  — с ду́хом to summon up one's
  courage
со́бственно strictly
собственнору́чно with my own
  hands
со́бственный own
совсе́м completely, quite
соверше́нно completely
со́вестно: мне со́вестно I am a-
  shamed
со́весть conscience
сове́т advice
сове́товать/по- to advise
сове́тчик counsellor
совсе́м quite, completely
согла́сный, *sht. fm.* согла́сен, -сна
  agreed
соглаша́ться/согласи́ться to agree
согрева́ть/согре́ть to warm
содрога́ться/содрогну́ться to shudder
сожале́ние: к сожале́нию unfortun-
  ately
сознава́ться/созна́ться to confess
сойти́ *see* сходи́ть
соли́дный solid, sound
со́лнце sun
сомнева́ться в + *prep.* to doubt
сон dream
сообража́ть/сообрази́ть to consider
соображе́ние consideration
сообща́ть/сообщи́ть to inform, tell
сопе́рница rival
сорва́ть *see* срыва́ть

сорок forty

   сороковой fortieth

   сороковые годы the forties

сосать to suck

сосед (*pl.* соседи) neighbour

состарить *see* старить

состояние, -ье fortune, state, position

состоять в + *prep.* to comprise, consist of

состояться to happen

сохранять/сохранить to preserve, keep

сочинять/сочинить to make up, invent

спасать/спасти to save

   -ся to escape, to be saved

спасение, -ье salvation

спасибо thank you

сперва at first

спина back

спокойный calm, tranquil

спокойствие peace of mind

спорить/по- to argue

способ way, means

способный apt, capable

справа from the right

справляться/справиться to enquire

спрашивать/спросить to ask, ask for

спустя немного after a while

сравнение comparison

сравнивать/сравнить to compare

средство way

сруб frame, shell

срывать/сорвать to pluck, pick

стало быть and so, therefore

становиться/стать to begin, to become, to stand

   становиться на колена to kneel

стараться/по- to try

старик old man

сториковский old people's

старинный old, ancient

старить/со- to age

стариться/со- to grow old

староста overseer

старуха old woman

старше older

старый old

стать *see* становиться

стать: с какой стати? whatever for?

статья article (newspaper)

стена wall

стенной wall (*adj.*)

степенный staid, sedate

стеснённый embarrassed

стеснять/стеснить to repress

стискивать/стиснуть to squeeze

стихи verse

стоить to be worth, to be the equal of

стол table

столица capital

столовая dining-room

столько so much

   столько ... сколько as much ... as

стон groan

сторона side

   с одной стороны on the one hand

   с другой стороны on the other hand

сторо́нка, *coll.* side
  идти́ сторо́нкой to go round, to make a detour
страда́ть/по- to suffer
стра́нный strange
страх fear
стра́шный terrible
  мне стра́шно I am terrified
стрела́ arrow
стрело́к shot
стреля́ть/стрельну́ть to shoot
стро́гий strict, severe
строе́ние building
стро́йный well-built
стряса́ться/стрясти́сь, *coll.* to befall, happen
ступа́йте! go along
ступе́нька step, stair
сты́дно ashamed
  как вам не сты́дно you ought to be ashamed
су́дарь, *arch.* sir
суди́ть/по-, рас- to judge
судьба́ fate
суждено́ destined
су́масше́дший mad
супру́жество married life
суро́вый severe
су́хо drily
существо́ creature, being
сходи́ть, *pf.*, за + *instr.* to call for
сходи́ть/сойти́ с ума́ to go mad
сце́на scene, stage
счастли́вый happy
сча́стье happiness
счёт account
  на мой счёт about me

счита́ть/счесть (сочту́, сочтёшь, *past* счёл, сочла́) to consider
съе́здить, *pf.* to call (on someone)
съесть *see* есть
сы́змала from childhood
сын son
сыпь rash
сюда́ here, hither
сюрту́к frock-coat
сюсю́кать to lisp

Т

таба́к, табачо́к tobacco, snuff
табаке́рка snuff-box
та́йна secret
таи́нственный mysterious
таи́ться to be concealed
так so, thus
так называ́емый so called
тала́нт talent
там there
танцева́ть/про- to dance
таре́лка plate
  не в свое́й таре́лке out of sorts
та́ять/рас- to melt
твёрдый firm
тем лу́чше so much the better
тёмный dark
тень shade
тепе́рь now
тепли́ца greenhouse
тёплый warm, warm-hearted
теплы́нь, *coll.* warm weather
терза́ние torture
терза́ть/ис- to torture, torment
терпе́ние, -ье patience
терпе́ть/по- to endure, bear

теря́ться/по- to lose one's head
те́сто dough
тётка aunt
тёткин aunt's
тече́ние course
  в тече́ние + *gen.* during
ти́хий quiet
тихо́нько quietly
то есть that is
то и де́ло again and again
то ли де́ло that's a different matter
то ... то now ... now
то́-то же now you understand, that's
  right
то́-то и оно́ that's what it is
тогда́ then
то́же too, also
толка́ть/толкну́ть to push
толкова́ть/по- to explain, talk
то́лстый fat
то́лько only
томи́тельный wearisome
томи́ть/у- to tire, weary
тому́ наза́д ago
то́нкий thin, subtle
то́нкость subtlety
тону́ть/по-, у- to drown
торгова́ться to bargain
торопи́ться/по- to hurry
торопли́во hurriedly
тоскли́вый melancholy
то́тчас immediately
то́чно as if, exactly, really
  то́чно так just so
то́шно: ему́ то́шно he feels sick
трава́ grass
тре́бовать/по- to demand, enquire

тево́га agitation, alarm
трево́жить/по- to worry, disturb
  -ся to be alarmed
трепа́ть/по- to pat
тре́тий third
  тре́тьего дня the day before
  yesterday
три three
три́дцать thirty
три́ста three hundred
тро́гать/тро́нуть to touch, move
  -ся to move
тро́е three
тро́йка, тро́ечка troika (team of
  three horses)
тру́дный difficult
тря́пка rag
тупи́к impasse
  приходи́ть в тупи́к to be at a loss
ту́чка cloud
ты́сяча thousand
тьма an enormous amount
тя́гостный painful
тя́гость burden
  быть в тя́гость to be a burden
тяготи́ть to distress
тяжело́: мне тяжело́ I am depressed
тяжёлый heavy, dull

У

у around, at
  у меня́ I have
убега́ть/убежа́ть to run out, run
  away
убеди́тельно earnestly
убежда́ть/убеди́ть to convince
  -ся to be convinced

205

убеждение conviction
уважать to respect
уважение, -ье respect
уведомлять/уведомить to inform,
let someone know
уверенность certainty
уверенный sure
уверять/уверить to assure
увидать *see* видать
увидеть *see* видеть
увлечение, -ье passion
уводить/увести to lead away
угадывать/угадать to guess
уговаривать/уговорить to persuade
угодно: вам угодно you are
pleased to
когда угодно whenever you like
угождать/угодить to please, humour
угол (угла) corner
угрюмый morose
уда fishing-rod
удалять/удалить to send away
удаляться/удалиться to go away,
withdraw
удаваться/удаться to succeed
нам не удастся we will not manage
удерживать/удержать to keep, de-
tain
удивительный surprising
удивление surprise
удивлять/удивить to surprise
-ся to be surprised
удовлетворять/удовлетворить to
satisfy
удовольствие pleasure
удостоивать/удостоить to favour

удочка fishing-rod
идти на удочку, *coll.* to take the
bait
уезд, уездный district
уезжать/уехать to go away
ужасный terrible
уже, уж already
узел knot
узнавать/узнать to recognise, to
find out
уйти *see* уходить
указывать/указать to indicate,
point to
укладываться/уложиться to pack
укоризна reproach
украдкой, украдкою furtively
украшение embellishment
укусить *see* кусать
улаживаться/уладиться to be set-
tled
улепётывать/улепетнуть, *coll.* to
scamper off
улыбаться/улыбнуться to smile
улыбка smile
ум intelligence, mind
сходить/сойти с ума to go mad
уметь to be able, know how to
умирать/умереть (*fut.* умру, ум-
рёшь, *past* умер, умерла) to die
умник clever fellow
умный clever
умолкать/умолкнуть to be silent
умолять/умолить to beg, implore
унижаться/унизиться to degrade
oneself
уносить/унести to carry, sweep
away

уныва́ть to be disheartened
уны́ло gloomily
упа́сть *see* па́дать
упира́ться/упере́ться to resist
упи́сывать/уписа́ть to tuck into, gobble up
употреби́тельный usual
употребле́ние use
употребля́ть/употреби́ть to use
упрёк reproach
упуще́ние shortcoming
урага́н hurricane
уро́к lesson
уси́лие effort
усло́вие condition
   под одни́м усло́вием on one condition
услу́га service
услу́живать/услужи́ть to do someone a good turn, to oblige
услы́шать *see* слы́шать
усмеха́ться/усмехну́ться to smile
усме́шка smile, sneer
успева́ть/успе́ть to have time to
успе́х success
успока́иваться/успоко́иться to be calm, set one's mind at rest
уста́, *pl.*, *arch.*, mouth
устава́ть/уста́ть to get tired
   я устал, устала I am tired
уста́лый tired
устра́ивать/устро́ить to arrange
усы́ moustache
утеша́ть/уте́шить to console
утеше́ние, -ье consolation
утоми́тельный tiresome
у́тро morning

у́хо (*pl.* у́ши) ear
уходи́ть/уйти́ to leave, go out
уцеле́ть, *pf.* to survive, escape unharmed
уча́стие sympathy
учи́тель teacher
учи́ть/вы́-, на- to learn, teach -ся to learn, study
учти́вость courtesy, politeness
ушиба́ться/ушиби́ться (*past* ушибся) to hurt oneself
у́шко (*dim. of* у́хо) ear
уязвля́ть/уязви́ть to sting, wound

Ф

фат fop
фейрве́рк firework
фигу́ра figure
филосо́фствовать to philosophise
финти́ть/по-, *coll.* to be affected, give oneself airs
фортепиа́но piano
францу́з Frenchman
францу́зский French
фу ты! oh!, well! (expression of surprise)
фура́жка cap

Х

хара́ктер character
хвата́ть/схвати́ть to seize
хвост tail
хитри́ть to be cunning
хи́тро cunningly
хи́трость trick
хлеб bread
хлебосо́льный hospitable

хло́пать/хло́пнуть to slap, pat
хлопота́ть to make a fuss, to be
  busy with, to take trouble
хлопотли́во fussily
ход: на ходу́ while walking
ходи́ть/по-, — идти́/пойти́ to go,
  walk
хозя́ин landowner, master
хозя́йка mistress
холо́дный cold
холоста́я жизнь bachelor life
хоро́шенький pretty
хороше́нько, coll. well, properly
хоро́ший good
хоте́ть (хочу́, хо́чешь)/за- to want
хоть even
  хоть бы if only
  хоть куда́ could not be better
хотя́ although, even
хрипе́ть to speak hoarsely, croak
худо́й thin, bad
худосо́чный cachetic, sickly
ху́же worse

Ц

ца́пать/ца́пнуть to seize
цара́пать to scratch, claw
цвето́к (pl. цветы́) flower
целова́ть (целу́ю, целу́ешь)/по- to
  kiss
це́лый whole
цель aim, object
цена́ price, value
цепь chain
церемо́ния ceremony
ци́ник cynic
цы́почка: на цы́почках on tiptoe

Ч

чай tea
чай, arch., coll. probably
час hour, o'clock
  кото́рый час what time is it?
ча́сто often
часы́ clock, watch
чахо́точный consumptive
чей-то, чья́-то, чьё-то someone's
челове́к person, man
чем бо́лее ... тем бо́лее the more ...
  the more
че́рвы hearts (cards)
че́рез + acc. through, across
  че́рез неде́лю in a week's time
черёмуха bird-cherry tree
черни́ть/о- to blacken
чернозём black earth
черти́ть/на- to draw
че́стный honest
  че́стное сло́во word of honour
честь honour
че́тверть quarter
четы́ре four
чини́ть/по- to mend
число́ number
чистота́ purity
чи́стый pure
чита́ть/по-, про-, проче́сть (fut.
  прочту́, прочтёшь) to read
чрезвыча́йно extremely
что that, what, why, like, something
  что вы! how can you!
  что за ... what a ..., what sort
  of a ...
  что ли? am I?, is it? etc.
что́-нибудь something, anything

что́-то something, somehow
что́бы in order to, that
чувстви́тельный tender, sentimental
чу́вство feeling
чу́вствовать/по-, — себя́ to feel
чуда́к odd fellow
чу́до (*pl.* чудеса́) marvel
чужда́ться + *gen.* to avoid
чужо́й strange, foreign, someone
  else's, stranger
чума́ plague
чуть не almost
чуть-чуть a little

Ш

шаг step
шали́шь! it's no use, it's all up!
шалопа́й loafer, idler
ша́лость childishness
шевели́ться/по- to stir
шёпот whisper
шепта́ть (шепчу́, ше́пчешь)/шеп-
  ну́ть to whisper
шесть six
широ́кий broad
шля́па hat
шум noise
шуме́ть to make a noise, to roar

шут clown
шути́ть/по- to joke
шу́тка joke

Щ

щёлкать/щёлкнуть по но́су to clip
  someone on the nose
щека́ cheek
щу́пать/по- to feel
щу́рить/со- to screw up
  -ся to screw up one's eyes

Э

э́дак, *coll.* like that
э́кий, *coll.* this
э́тот, э́та, э́то this, that

Ю

ю́бка skirt
ю́ноша youth

Я

яд poison
язви́тельный sarcastic
язы́к tongue
я́сность clarity
я́сный clear

GUIDE TO FURTHER READING

Freeborn, R., 'Turgenev, the Dramatist', in D.A. Lowe (ed.) *Critical Essays on Ivan Turgenev*, Hall, Boston, 1989, pp. 109-116. The appreciation of the lyrical and emotional atmosphere of *A Month in the Country* is sensitive, the psychological analysis of character interesting but more questionable.

Grossman, L.P., 'Театр Тургенева' in Собрание сочинений, vol. III, Moscow, 1928, pp. 169-81. English translation (part of text) in A. Field (ed.) The Complection of Russian Literature, Penguin, Harmondsworth, 1971, pp. 147-52. Grossman's evidence for a French model for Turgenev's play, referred to by all commentators, is worth reading at first hand. Even more enlightening is a reading of the original French play, Balzac's *La marâtre*.

Knowles, A.V., *Ivan Turgenev*, Twayne, Boston, 1988. A very useful study of Turgenev's work, including a concise, clear and perceptive analysis of A Month in the Country (pp. 22-5).

Seeley, F.F., *Turgenev; a reading of his fiction*, CUP, Cambridge, 1991. Includes one of the fullest and most detailed accounts of Turgenev's dramatic works (pp. 46-73). Seeley's commentary on the action of *A Month in the Country* and his analysis of characters (including minor characters) is always illuminating and only rarely strikes a false note.

Schapiro, L., *Turgenev: his Life and Times*, OUP, Oxford, 1978. This authoritative study of Turgenev enables the reader to view the action of *A Month in the Country* in the context of Turgenev's life and his relationship with the Viardots.

Turgenev, I.S., *A Month in the Country*, translated and introduced by Sir Isaiah Berlin, Hogarth, 1981. The introductory note (pp. 7-17) to this, the best English translation of *A Month in the Country*, is of particular interest for its exposition of the strong undercurrent of social criticism inherent in the play.

Worrall, N., *Nikolai Gogol and Ivan Turgenev*, Macmillan Modern Dramatists, London, 1982. This study includes a full chapter on *A Month in the Country* (pp. 170-87) which also considers performances.